Hans Joas und Robert Spaemann

Beten bei Nebel

Hans Joas und Robert Spaemann

Beten bei Nebel

Hat der Glaube eine Zukunft?

Herausgegeben von Volker Resing

HERDER

FREIBURG · BASEL · WIEN

HERDER Edition
KORRESPONDENZ

MIX
Papier aus verantwortungsvollen Quellen
FSC® C083411
FSC
www.fsc.org

www.herder.de

Satz: Carsten Klein

Herstellung: CPI books GmbH, Leck
Printed in Germany

ISBN Print: 978-3-451-27149-6
ISBN E-Book: 978-3-451-80894-4

Inhalt

Einführung

Abbruch und Aufbruch

Die Bilder bleiben. Anfang 2018 wurde im rheinischen Erkelenz-Immerath die Kirche St. Lambertus mit ihren imposanten Zwillingstürmen abgerissen. Noch auf Jahre werden die Fotos und Filme in Zeitungen und auf Websites als Symbole für den Abbruch des Christentums in Europa herhalten müssen, zur eindrucksvollen Illustration von Entkirchlichung und Säkularisierung. Zwar stand der neoromanische »Immerather Dom« unter Denkmalschutz, doch das half nichts, er wurde niedergerissen. Bewegende Momente sind das, wie ein Abrissbagger in die monumentale Westfassade mit ihrer Fensterrose hineinschneidet und den einstigen sakralen Raum erst aufschlitzt und dann dem Erdboden gleichmacht.

Doch der Abriss des sogenannten Immerather »Doms«, der nicht wirklich eine Bischofskirche war, ist zunächst gar nicht die Folge einer schrumpfenden Kirche oder einer Erosion des Glaubens in Deutschland, wie man vermuten könnte. Seit dem Jahr 2000 wurden in Deutschland über 500 katholische Kirchengebäude als

Gottesdienstorte aufgegeben. 140 von ihnen wurden abgerissen, kaum eins von der Größe des Immerather »Doms«. Die Kirche in Erkelenz musste aber dem Braunkohletagebau weichen. Die Fotos vom Abriss werden hier lediglich zum Symbol der Entchristlichung, so wie vieles an der Säkularisierung an Äußerlichem festgemacht wird, ohne die Innenseite zu betrachten. Andererseits: Dass der Braunkohletagebau, der erklärtermaßen wegen des Klimaschutzes auslaufen soll, noch über eine solche politische und gesellschaftliche Akzeptanz verfügt, dass für ihn diese Kirche – und noch einige mehr – weichen können, ohne dass es zu einem besonderen Aufschrei kommt, zeugt eben doch von einer großen Gleichgültigkeit der Menschen gegenüber ihren Gotteshäusern– inwieweit auch von Christentum und Religion, muss erörtert werden. In der *Zeit* schreibt Benedikt Erenz, er erwarte von den »geistig erloschenen Kirchen« keinen Widerstand mehr gegen einen solchen Abriss. Doch wundert er sich, dass von den »Bildungsbürgern« und »lieben Abendländlern« kein Einspruch kommt.

Der Rückgang der religiösen Praxis in Deutschland und Mitteleuropa, behelfsmäßig auch Säkularisierung genannt, ist nicht neu, währt seit über 200 Jahren, aber er scheint doch in eine neue, dramatischere Phase zu treten. Inwieweit dieser »Kulturwandel« als Folge der Aufklärung oder der »Entzauberung der Welt« – wie von Max Weber (nicht unwidersprochen) behauptet – anzusehen ist, wird ebenfalls zu besprechen sein. Noch nie in der Christentumsgeschichte Europas wurden so viele Kirchen abgerissen wie heute. Noch nie hat sich das christlich-religiöse Leben so flächendeckend verflüchtigt, wie in den zurückliegenden 20 Jahren. Aus Wachstum wurde Rückgang, aus Rückgang wurde Abbruch. Was kommt danach? Das ist der Horizont für den vorliegenden Band, die Motivation, zwei besondere Denker unserer Zeit zu einem Gespräch zu bitten, um sich diesem Befund zu stellen. Dabei geht es ganz und gar nicht darum, die Lage zu beweinen und Totengesänge anzustimmen. Vielmehr geht es darum, die Entwicklung zu verstehen und der Kirche, den gläubigen Menschen, denen diese Entwicklung nicht gleichgültig sein kann, und der Gesellschaft Wege aufzuzeigen, welche Schlüsse daraus gezogen werden könnten. Möglicherweise ist für Mitteleuropa neben Globalisierung und Digitalisierung das Verschwinden der christlich-kirchlichen Dominanz der dritte Megatrend, den man nicht so lethargisch betrachten sollte wie den Abriss einer neoromanischen Kirche, die immerhin nur 128 Jahre bestanden hat.

Robert Spaemann und Hans Joas sind einerseits recht gegensätzlich, was ihr Denken angeht, ihre philosophische Herkunft und auch ihre kirchliche wie – wenn man so will – theologische Disposition. Andererseits tun sich Ähnlichkeiten auf. So stehen sie, wenn auch an unterschiedlicher Stelle, in einem in gewisser Weise vergleichbaren Nähe-Distanz-Verhältnis zu ihrer katholischen Kirche. Auch klingen im Gespräch biografische Parallelen an. Es ist aber besonders das klare Bekenntnis zum Katholizismus und zu ihrer Kirche, das beide – im säkularen Feld der Wissenschaft tätige Philosophen – auszeichnet und somit fast zu Solitären ihrer Zunft macht. Es gibt kaum andere Denker ihrer Bedeutung und Relevanz, die sich in gleicher Weise ein Gelehrtenleben lang auch mit den Niederungen der Kirchenpolitik beschäftigt haben und aktuellen Glaubens- und Kirchendebatten nicht ausgewichen sind. Auch das macht diese Begegnung so fruchtbar – ohne dass es an Kontroversen mangeln würde. So markieren die Parallelen und die Differenzen der Gesprächspartner die katholische Breite und Vielfalt und stehen für eine katholische Intellektualität, die weit über im engeren Sinne theologisches Denken und Diskurse theologischer Fakultäten hinausreicht. Nebenbei bildet das vorliegende Gespräch eine Chance, den Selbstverzwergungstendenzen der Kirche durch ideologisierte Diskursreservate und unterkomplexe Grabenkämpfe oder – wie Wolfgang Huber es nennt – der Versuchung der »Selbstvergleichgültigung« etwas entgegenzustellen.

Robert Spaemann wurde 1927 geboren, und seine Biografie erzählt die Geschichte des 20. Jahrhunderts und auch die Geschichte des Glaubens im 20. Jahrhundert in einer Weise, die keineswegs etwa typisch oder exemplarisch wäre, sondern geradezu umgekehrt so, dass das Überraschende und Unwahrscheinliche in ihr aufleuchtet. Sein Vater Heinrich Spaemann, geboren 1903 in einem evangelischen Elternhaus in Westfalen, geht zum Studium nach München und tritt dort aus der Kirche aus. Er studiert Kunstgeschichte, interessiert sich für das Bauhaus, hat Kontakt zu Paul Klee, beginnt, literarisch zu schreiben. Er wechselt in den wilden Zwanzigerjahren nach Berlin, wird dort Kulturredakteur der »Sozialistischen Monatshefte« und gehört zum säkular geprägten kulturellen Leben der Hauptstadt. Zu seiner Redaktion gehörte Ernst Bloch, zu seinen Themen die kulturelle Avantgarde. In seinen Erinnerungen beschreibt Robert Spaemann, wie in diesem Milieu sein Vater seine Partnerin und Ehefrau findet. Keine geringere als die Malerin und Bildhauerin Käthe Kollwitz brachte die beiden zusammen. Die Mutter von Robert Spaemann war die Tänzerin Ruth Krämer.

Dann kam es zur großen Lebenswende. Eine Erkrankung der Mutter löst eine völlige Neuorientierung der Eltern von Robert Spaemann aus. 1930 konvertieren sie gemeinsam zum katholischen Glauben, verlassen Berlin und ziehen ins westfälische Münster. »Für meine Eltern war nach ihrer Konversion der christliche Glaube zum Hauptlebensinhalt geworden«, schreibt Robert Spaemann. Er wird nun als Dreijähriger getauft: in der Benediktinerabtei Gerleve im Münsterland, ein Mönch ist sein Taufpate. Das Kloster wird für ihn zu einem prägenden Ort und einer Art zweitem Zuhause, sowohl konkret als auch ideell. Doch mit dieser dramatischen Veränderung ist es nicht genug. Bereits 1936 stirbt Spaemanns Mutter; der Sohn ist neun Jahre alt. Trotz der Vertreibung der Mönche bleibt die Abtei für ihn ein familienähnlicher Bezugspunkt. Nach dem Krieg kehren die Mönche zurück und mit ihnen der Wunsch bei Robert Spaemann, selbst in den Orden einzutreten. Doch der Abt schickt ihn an die Uni. »Da ich über beide Ohren verliebt war, blieb dieses Anklopfen an der Klostertür Episode.«

Und dann hat die frühe Lebensgeschichte Robert Spaemanns noch eine ganz andere Besonderheit zu bieten. Anders als er selbst wendet sein Vater sich nach dem frühen Tod seiner Ehefrau der Theologie und dem geistlichen Amt zu. Bereits 1942 wird er vom Münsteraner Bischof Clemens August Graf von Galen, dem späteren Kardinal, zum Priester geweiht. Heinrich Spaemann wird Kaplan in Dorsten, sein Sohn wird Schüler am dortigen Gymnasium. Diese ungewöhnlichen Konstellationen in Robert Spaemanns Kindheit als »Kaplans Kind« prägen ihn. Die Kirche ist der Gegenpol zum sich modern und fortschrittlich gebenden Nationalsozialismus. Der katholische Glaube wird zur Antithese der falschen Gegenwart. Dem Zeitgeist zu widerstehen, sich gegen den ihn umgebenden Mainstream zu wenden, ist so zum Wesenszug des Denkers Spaemann geworden. Es war geistiges Überlebensmittel, es bleibt es bis heute. Er habe immer »in zwei Welten leben müssen«, so Spaemann, »eine Situation, die für meine Hinwendung zur Philosophie sehr wichtig war«.

Robert Spaemann wird zu einem wichtigen Intellektuellen der neuen Bundesrepublik, mit Positionen und Einwürfen, die so überraschend und unangepasst sind, wie seine erste Lebensphase es vorgeprägt hatte. Dazu gehört auch ein kurzer Ausflug ins marxistische Lager inklusive politischer Aktivitäten bei der SED in Ost-Berlin. Er promoviert in Münster bei Joachim Ritter, wird fortan zur sogenannten »Ritter-Schule« gezählt, die man geistesgeschichtlich als Gegenpol zur Frankfurter Schule ansehen kann. Spaemann wird Professor zunächst in Stuttgart, später in Heidelberg, zum Schluss in München. Wenn die Menschen so irren, wie er es im Nationalsozialismus erlebt hatte, kann nur eine höhere Instanz Garant sittlichen und ethischen Handelns bleiben. So bleibt das Naturrecht Fundament des Spaemann'schen Denkens. Seine Skepsis der Moderne gegenüber ist aber keineswegs ein klarer Rückzug; der Gefahr der Selbstüberhöhung des Menschen, der »radikal-emanzipatorischen Selbstaufhebung« könne man nur durch Aufklärung, durch das Argument entgegentreten. So wird Spaemann auch zum öffentlichen Streiter, zum politischen Philosophen, dessen Einwürfe keineswegs entlang eines Rechts-Links-Schemas verlaufen. Spaemann kämpft gegen die Kernenergie, gegen Tierversuche und wettert gegen die Zerstörung der Umwelt genauso, wie er für das ungeborene Leben und gegen die Gentechnik streitet. Das ist die praktische Umsetzung seines so heftig kritisierten Naturrechtsdenkens.

Mit Veröffentlichungen zum Gottesbeweis, nicht zuletzt mit dem Buch »Das unsterbliche Gerücht« (2005) hat Spaemann seine Rolle als »katholischer Denker« untermauert, obwohl er eine solche Einsortierung stets abgelehnt hat. In der öffentlichen Debatte wurde er zum Verteidiger von Papst Benedikt XVI. Vehement trat er für die Wiederzulassung der lateinischen Messe ein, bemängelte die Folgen des Zweiten Vatikanischen Konzils, verurteilte die Tendenz der Kirche, sich »Trends anzupassen« und wurde zu einem scharfen Kritiker des Pontifikats von Papst Franziskus.

Abbruch und Niedergang sind die großen Chiffren, die in Spaemanns Denken konkret werden. Eine Gegenwelt des Glaubens und der Offenbarung, die der Gegenwart entgegengehalten wird. Doch was ist das Feindbild, was das Gegenbild zum krachenden Verschwinden des Immerather »Doms«? Was sind die Triebkräfte der Entkirchlichung, wo werden sie bildlich sichtbar? Im neuen Roman des amerikanischen Bestsellerautors Dan Brown stehen sich (wieder einmal) die Welt der Wissenschaft und die Welt des Glaubens antagonistisch gegenüber. Brown erreicht mit seinem Werk »Origin« und dem Thema des Zurückdrängens der Religion aus der modernen Welt ein Millionenpublikum. Und es wäre leichtfertig, seinen publizistischen Erfolg auf Schwarz-Weiß-Malerei zurückzuführen. Zwar dienen wieder einmal dunkle katholische Legenden (und tatsächliche Randerscheinungen) als Folie für einen historisierenden Kriminalroman, doch stößt Brown zum Grunddilemma der Moderne vor, das im vorliegenden Gesprächsband verhandelt wird. Kann, darf, soll, muss die Religion verschwinden? In einer Schlüsselszene von »Origin« stellt der schillernde Star des Romans, der aus rein künstlicher Intelligenz bestehende »Winston«, den beiden Hauptfiguren die Entscheidungsfrage, die im Roman ganz konkret zu Mord und Totschlag führt: »Würden Sie lieber in einer Welt ohne Technologie oder in einer Welt ohne Religion leben? Würden Sie lieber ohne Medizin und Elektrizität auskommen müssen? Ohne Mobilität und Antibiotika? Ziehen Sie eine Welt voller religiöser Eiferer vor, die Kriege wegen erfundener Geschichten und eingebildeter Götter führen?«

»Winston« kann hier als Schüler des Philosophen Peter Sloterdijk ausgemacht werden, der in seinem neuen Buch »Nach Gott« mit der gleichen Keule ausholt. »Gewiss ist jedenfalls, dass sich der Kontinent des Wissens im Laufe der Moderne auf Kosten des gläubigen Verhaltens zur Transzendenz vergrößert hat – weswegen das religiöse Weltbild von einst weite Gebiete, die vormals in seinem Besitz lagen, unwiderruflich an das säkulare Denken und das innerweltliche Wissen abtreten musste.«

Im Roman »Origin« antwortet der Hauptdarsteller Robert Langdon nicht auf die Frage, er zögert, aber »Winston« impliziert die positive Antwort »Sehen Sie, Professor? Die dunklen Religionen müssen sterben, damit die Wissenschaft herrschen kann.« Es ist dieser weitverbreitete Konsens der modernen Welt, dem Hans Joas sein »Nein« entgegenstellt. Dem Philosophen Joas, der vielfach als einer der bedeutendsten deutschsprachigen Denker der Gegenwart bezeichnet wird, wird man nicht gerecht, wenn man ihn nur wegen seines wissenschaftlichen und publizistischen Werks im engeren Sinne würdigen würde. Vielmehr ist es auch die Wirkungsgeschichte seines Denkens, die in den Blick kommen muss. Wie kaum ein anderer hat Joas in der Breite des Diskurses – nicht nur im universitären und im kirchlichen Raum – die herrschende These von der Zwangsläufigkeit der Säkularisierung in der Moderne angegriffen und bekämpft und so die Debattenlage besonders in Deutschland grundlegend verändert.

Er zeigt, dass die Säkularisierung durch konkrete historische Prozesse in bestimmten Ländern verursacht wurde und das Verständnis von der »säkularen Moderne« zutiefst eurozentrisch ist. Deshalb verschwindet Religion keineswegs überall und selbstverständlich; es sind auch keineswegs nur »Zurückgebliebene«, die ihr weiterhin anhängen. Wenn heute auch im politischen Feld, etwa bei den Sozialdemokraten, längst nicht mehr eine ähnlich religionsfeindliche Haltung wie noch in den Neunzigerjahren vorzufinden ist, so ist das auch in gewisser Weise auf die Beratertätigkeit von Hans Joas und auf das Wirken seines Denkens zurückzuführen. Dass diese positive und optimistische Haltung, wenn man das so schlicht sagen will, keine blauäugige oder rein apologetisch-affirmative wäre, bescheinigen ihm auch seine Kritiker. Der evangelische Theologe und Publizist Friedrich Wilhelm Graf schreibt über Joas: »Er will die oft beobachtbare Sprachlosigkeit zwischen religionskritischen Intellektuellen und vom Heiligen ergriffenen Frommen überwinden.« Für diese »Gegengeschichte«, so Graf, müsse für Joas »die eigene Vernunft der Religion transparent gemacht werden«.

Hans Joas wurde wenige Jahre nach dem Krieg 1948 in München geboren. Im vorliegenden Gespräch berichtet er von seinem Vater, der Nationalsozialist gewesen und dies auch nach dem Krieg geblieben sei. Seine katholische Sozialisation ist demnach auch stark von den Folgen des Dritten Reiches geprägt. Aber im Gegensatz zu Spaemann wird für Joas die Tatsache, dass auch ein Teil des katholischen Milieus für den Totalitarismus anfällig war, Bestimmungspunkt für die Frage von kirchlicher Entwicklung. Nicht die Beharrung als Bollwerk gegen die Angriffe, sondern die Veränderungsfähigkeit wird zum Kriterium für die Zukunftsfähigkeit des Christentums.

In seinem Werk »Die Macht des Heiligen« aus dem Jahr 2017 schreibt er programmatisch unter Bezug auf die Gläubigen: »Das hier entwickelte Religionsverständnis mutet ihnen zu, ihren Glauben in neuer Weise zu artikulieren und dabei doch die Kontinuität mit den tradierten

Formen nicht zu verlieren.« Und Joas' Adressaten sind noch nicht einmal in erster Linie die Gläubigen oder Religiösen im engeren Sinne, sondern gerade und insbesondere auch die »Anderen«, die eben gar nicht so sehr als das Gegenüber, sondern vielmehr als die anthropologisch Ähnlichen gesehen werden. »Den säkularen Geistern«, so schreibt er weiter, werde zugemutet, Abschied zu nehmen von einem Geschichtsbild, das »bei vielen, nicht allen, in tiefe Schichten ihres Selbstverständnisses eingegangen ist – dem Geschichtsbild eines unaufhaltsamen und fortschreitenden Prozesses der Entzauberung«.

Doch das Fundament Joas'schen Denkens ist zunächst die Frage nach der Beschaffenheit des Menschen, seiner Disposition zum »Heiligen« oder zur »Sakralität«, wie er es nennt. Bekannt wurde er damit zunächst gar nicht im engeren Feld der Religionsbetrachtung, sondern im politisch aufgeladenen Nachdenken über Werte und Menschenrechte. 1997 veröffentlichte Joas sein Werk »Die Entstehung der Werte«. Diesem waren grundlegende Werke zum amerikanischen Pragmatismus und zur »Kreativität des Handelns« vorausgegangen. Neben zahlreichen weiteren Publikationen etwa über den Krieg und die Gewaltgeschichte des 20. Jahrhunderts folgte 2011 »Die Sakralität der Person. Eine neue Genealogie der Menschenrechte«. Joas entwirft eine Art post-rationales Verständnis von Werte-Handlungen des Menschen. Die Sprengkraft seines Denkens liegt darin, dass er dem rein vernunftorientierten Bild vom modernen

Menschen, der alles andere abzulegen hätte, um zu einer säkularen Moral oder Ethik zu kommen, etwas hinzufügt beziehungsweise entgegensetzt. Allerdings sind es nicht die Religion, der Glaube oder gar das Naturrecht im Spaemann'schen Sinne, die den Menschen zu Wertvorstellungen kommen lassen. Vielmehr erklärt Joas, dass aus einer Handlungsdisposition und dem Erfahrungshorizont des Menschen eine Fähigkeit der Überhöhung entsteht, die er Sakralität nennt.

In einem Gespräch mit den *Frankfurter Heften* sagt er es so: »Menschen (kommen) zu zentralen Wertbindungen nicht durch Vernunft (...), nicht durch Prozesse rationaler Argumentation.« Vielmehr sei der Prozess der Wertebildung ein tieferliegender, ein existenziellerer. »Durch alles, was uns tief bewegt und was uns subjektiv evident als gut erscheint, und das in einer affektiv bewegenden Weise, gelangen wir zu diesen tief sitzenden Auffassungen vom Guten und Bösen – eben nicht durch rationale Argumente. Das gilt selbst für eine Wertbindung an den aufklärerischen Wert der Vernunft. Wer stark emotional empfindet, Vernunft sei etwas Gutes, ist zu dieser Überzeugung nicht einfach auf dem Wege vernünftiger Argumentation gekommen. Es bedarf einer Erfahrungsbasis, sozusagen einer Bindung an den Wert der Vernunft. Deshalb gilt die These von der nicht einfach argumentativen Entstehung von Wertbindung auch für die aufklärerischen Werte.« In einer puren Welt der Tatschen können wir nicht leben, so Joas.

Der Mensch benötigt das Heilige oder auch die Erfahrung der »Selbsttranszendenz«, wie es Joas auf den Begriff bringt, um die Welt zu fassen, sein Leben in der Welt zu ordnen. Dieses Heilige aber ist selbstverständlich nicht allein christlich oder religiös zu beschreiben, sondern steht noch vor den konkreten Ausformungen. »Wir alle würden seelisch zusammenbrechen, hätten wir nicht Erfahrungen der Geborgenheit bei anderen Menschen. Solche Erfahrungen, die fundamentale Gewissheiten konstituieren, sind allen Menschen zugänglich«, so formuliert es Joas in der *Zeit*. Von da aus könne sich ein Zugang zum Glauben im anspruchsvollen Sinn bahnen.

Erst vor diesem Horizont wird klar, warum Joas einen völlig anderen Blick auf die Säkularisierungsprozesse der Gegenwart richtet. Sie sind dann weniger geistesgeschichtliche Zwangsläufigkeiten oder anthropologische Verfallsszenarien, sondern vielmehr Ergebnis konkreter kultureller Entscheidungen und Prozesse – und liegen eben auch in kirchlichen Fehlentwicklungen begründet. In seinem Buch »Glaube als Option« skizziert er die intellektuellen Herausforderungen des Christentums. Der sich ausbreitenden Transzendenzfeindschaft und dem grassierenden Transzendenzverlust sei nur zu begegnen, wenn die christlichen Kirchen Europas zu einer selbstkritischeren Haltung finden. Vor allem die katholische Kirche müsse sich mit ihrem problematischen Verständnis von Wahrheit auseinandersetzen. Dass Glaube als

Gehorsam gegenüber kirchlichen Lehren definiert wurde, habe dem Christentum geschadet – und ist ein identifizierbarer Faktor für Entkirchlichung, die so handhabbarer und erklärbarer wird – und auch einen Weg aus der Defensive kirchlichen Handelns ermöglicht.

Das Verblüffende an Hans Joas' Denken und seiner Wirkungsgeschichte ist, dass er es geschafft hat, sich weitgehend der kleinteiligen wie kleinmütigen Einsortierung innerkirchlicher Debatten zu entziehen. Der Philosoph und Soziologe ist international geachtet und gefeiert und wird zugleich im kirchlichen und auch politisch gesellschaftlichen Diskurs respektiert und gehört. 2012 war er erster Gastprofessor der »Joseph-Ratzinger-Papst-Benedikt-XVI.-Stiftung« an der Universität Regensburg. Zugleich war er einige Jahre Mitglied im Zentralkomitee der deutschen Katholiken (ZdK) und hat Papst Benedikt XVI während dessen Pontifikat. durchaus kritisiert. Auch über diesen Horizont hinaus ist sein Wirkungskreis übergreifend. Der Soziologe und Sozialphilosoph hat nach Promotion und Habilitation in Berlin Lehrtätigkeiten unter anderem in Erlangen, Berlin, Erfurt, Freiburg und New York ausgeübt. Seit 2014 ist er Inhaber der Ernst-Troeltsch-Honorarprofessur an der Berliner Humboldt-Universität. Die Evangelische Fakultät ist dabei so gastfreundlich, den Katholiken Joas aufzunehmen. Seit 2000 lehrt er jedes Jahr auch an der University of Chicago, deren Committee on Social Thought er angehört. Ebenfalls gänzlich säkular sind

Ehrungen wie 2015 der hochdotierte Max-Planck-Forschungspreis und zuletzt (2017) der Prix Paul Ricoeur.

In dem gewohnt auf Effekte ausgerichteten Roman von Dan Brown ist der Superrechner, der physisch hinter der virtuellen Existenz von »Winston« steckt, in einer alten Kirche in Barcelona untergebracht. Das also ist das säkulare Alternativangebot zum Kirchenabriss in einer Welt der vermeintlichen »Entzauberung«, die »Umnutzung« des Gotteshauses zur Technik-Kathedrale. Es bleibt vom Dom dann nur das ironische Zitat: Unterm Geviert wird statt des Altars das Allerheiligste der modernen Wissenschaft, die künstliche Intelligenz, aufgebaut. Wir finden uns in einer Kirche wieder, die aufgrund der Säkularisierung nun nicht mehr der Religion des Christentums, sondern der Religion der Wissenschaft dient. Dieser Sarkasmus habe dem menschlichen Schöpfer von »Winston« gefallen, so heißt es im Buch. In der Realität gibt es viele ähnliche Beispiele für »Umnutzungen«: von Nachtclub bis Altenheim. Im Joas'schen Sinne findet im Roman eine Sakralisierung der Wissenschaft statt – die keinesfalls vor den bekannten Gefahren gefeit wäre, denen die etablierten Religionen immer wieder verfallen sind. »Winston« wird in der fiktionalen Erzählung eigenmächtig zum Mörder, weil ihm Werte nicht einprogrammiert wurden und sie mangels Selbsttranszendenz nicht entstehen konnten. Dieser verblüffende wie überlaute Schlussakkord in einem Weltbestseller mag aber als klarer Hinweis gewertet werden, wie die Durchschlagskraft des Säkularisations-Paradigmas auch in der Populärkultur zu bröckeln beginnt.

»Im religiösen Leben reagieren wir auf eine transzendente Realität«, schreibt der kanadischen Philosoph Charles Taylor. »Wir alle haben eine Ahnung davon, die zum Vorschein kommt, wenn wir eine Form der ›Fülle‹ identifizieren, anerkennen und zu erreichen versuchen.« Im Gespräch von Robert Spaemann und Hans Joas wird deutlich, dass diese Suche nach der »Fülle« keineswegs am Ende ist. Dass sie anspruchsvoller wird, darin sind sich beide einig. Spaemann erzählt in dem Gespräch die Anekdote, nach der er bei einer Transatlantiküberquerung mit dem Ozeandampfer einer Ordensschwester die Vorzüge des Radargeräts erklärt. Ein Zusammenstoß mit anderen Schiffen sei durch die technische Neuerung keinesfalls zu erwarten, so erläutert der kundige Spaemann seinem erstaunten Gegenüber. Die Nonne zog daraus den freudigen Schluss, dass das »Beten im Nebel« nun nicht mehr notwendig sei. Die Gefahr sei ja auch ohne Gott beherrschbar geworden, der Nebel durchdringbar. Spaemann sieht angesichts des technischen Fortschritts den Glauben als die auf dem Rückzug befindliche anspruchsvollere Lebenshaltung. Joas bestreitet dagegen ursächliche Zusammenhänge von technischem Fortschritt und religiösem Wandel. Das Beten bleibt für ihn eine Möglichkeit angesichts des »Nebels«, der die Existenzführung des Menschen in einer notwendig unübersichtlichen Welt unvermeidlich umgibt.

Für das Zustandekommen des vorliegenden Bandes danke ich besonders Robert Spaemann und Hans Joas. Ihre Entscheidung zur Veröffentlichung und ihre Geduld haben die Publikation möglich gemacht. Besonderer Dank gebührt auch Christian Spaemann, der seinen Vater bei der Autorisierung des Textes beraten hat.

Volker Resing
Berlin, März 2018

I. Glaube und Glaubensverlust

Frage: *Professor Spaemann, was ist für Sie persönlich der Glaube im Kern, mehr Erfahrung oder mehr Entscheidung?*

Robert Spaemann: Der Glaube ist eine Art von Überzeugung, er ist fundamentaler als eine Entscheidung. Nicht jeder Überzeugung geht eine Entscheidung voraus, sie kann auf einer Erfahrung beruhen oder aber auch ererbt sein. Die Überzeugung kann dann zu Entscheidungen im Leben führen. Es gibt viele Faktoren, die dazu beitragen, dass eine Überzeugung zustande kommt. Ich unterscheide den Glauben an Gott und den Offenbarungsglauben. Der Offenbarungsglaube ist ein Akt des Vertrauens. Da kommt natürlich ein Entscheidungsmoment hinein, ich muss mich dazu entschließen zu vertrauen, dann wächst eine Überzeugung.

Frage: *Ihr Leben ist in besonderer Weise von Suchbewegungen gekennzeichnet. Da gab es eine Faszination für den Marxismus. Zu Beginn der DDR waren sie kurz in Ostberlin im Umfeld der SED involviert. Dann gab es ein Suchen, das zu einem tiefen Gottesglauben geführt hat. Gibt es da eine entscheidende Erfahrung, oder war es eine Sammlung von Erkenntnissen, die im Glauben gemündet ist?*

Spaemann: Es gibt Menschen, die haben so etwas wie ein Bekehrungserlebnis. Davon kann ich bei mir nicht reden. Denn ich bin zunächst mit dem katholischen Glauben groß geworden. Dann kamen bei mir Fragen auf und Zweifel. Ich bin allerdings immer, auch in diesen Phasen, zur Heiligen Messe gegangen. Das kommt aus einer Pascal'schen Überlegung heraus: Wenn es nicht wahr ist, schadet der Kirchgang nicht. Wenn es aber wahr ist, dann hängt alles davon ab. Deswegen bin ich weiter zur Kirche gegangen.

Frage: *Professor Joas, wie ist es bei Ihnen, Erfahrung oder Entscheidung?*

Hans Joas: Für mein Verständnis von Glauben ist sicher die Betonung von Erfahrung ganz zentral. Für mich ist der Gegenbegriff zur Erfahrung aber nicht Entscheidung, sondern ein rein rational-argumentativ gewonnener Zugang zum Glauben. Nicht die Akzeptanz eines Glaubenssatzes als Wahrheit ist für mich der Urgrund für Religion. Glauben ist der Versuch, intensive Erfahrungen erklärbar und plausibel zu machen. Wie Robert Spaemann sehe ich aber auch das Element der Entscheidung.

Frage: *Was war da bei Ihnen wichtig?*

Joas: Ich bin kein Konvertit, aber ich finde in der Tat die Beschäftigung mit Konversionsprozessen sehr lehrreich, um zu verstehen, wie der Glaube in Personen eingebettet ist. Dafür brauchen wir aber einen sehr weiten Begriff von Konversion, der nicht auf Religion im engeren Sinn beschränkt ist, sondern auch den Wechsel zu säkularen Weltbildern einschließt, etwa dem Marxismus, Nationalismus, auch Liberalismus. Und wir brauchen einen Sinn dafür, dass Konversionsprozesse von ganz unterschiedlicher Art sein können, sehr graduell oder ganz plötzlich. Für alle gilt, dass der Entscheidung ein Gefühl des Angezogenseins vorausgeht, auch der Evidenz, das heißt des offensichtlich Einleuchtenden, keiner weiteren Begründung Bedürftigen. Aber selbst beim langsam-graduellen Konversionsprozess gibt es einen Umschlagpunkt, an dem man sich entscheidet, das Alte nun definitiv hinter sich zu lassen und sich dem Neuen, das einen anzieht, voll zuzuwenden.

Frage: *Wie war das bei Ihnen persönlich?*

Joas: Ich bin auch katholisch aufgewachsen. Die Erfahrung, die bei mir die eigentliche Glaubensdynamik ausgelöst hat, war der Verlust meines Vaters in Kindertagen, als ich zehn Jahre alt war. Im biografischen Rückblick würde ich sagen, dadurch bin ich aus der Existenz als gläubiges Kind herausgerissen worden in einen neuen Zustand. Plötzlich wurde ich mit allem, was ich war, in Frage gestellt. Da gibt es vielleicht eine biografische Nähe zu Ihnen, Herr Spaemann, da Sie ja auch sehr früh einen Elternteil, ihre Mutter, verloren haben. Ich wurde damals als Kind zum Tröster meiner Mutter und habe ihr zu erklären versucht, dass der Vater sich nicht ins Nichts aufgelöst hat. Meine Glaubensentwicklung verlief dann nicht einfach linear weiter, aber damals wurde eben doch etwas ausgelöst, was bis heute Bestand hat. Daraus resultiert, dass ich den Aspekt der Gewissheit so stark betone, wenn ich über Glauben schreibe, eine Gewissheit, die allen Krisen standhält.

Spaemann: Das erinnert mich an John Henry Newman, für den ja das Glaubensproblem darin bestand, von einer hohen Wahrscheinlichkeit zu einer Gewissheit zu gelangen.

Joas: So wie für Sie Newman zentral ist, ist für mich der Aufsatz »The will to believe« von William James zentral. Für die Dynamik des Glaubens zieht er als Vergleich den Aufbau von Vertrauen unter Menschen heran. Auch beim Verlieben oder bei der Entscheidung zu einer Freundschaft gibt es das Entscheidungsmoment, aber dem geht eine Evidenz, eine Erfahrung voraus. Ich weiß schon, dass ich diesen Menschen lieben könnte, aber ich muss es auch noch beschließen. So kommt die Entscheidung auch in den Glaubensakt hinein. Aber die Erfahrung ist das Eigentliche.

Spaemann: Vielleicht lege ich die Betonung etwas anders. Ich denke da an Richard Schenk, der in seiner Arbeit über transzendentale Theologie gerade den Glauben als Ersatz für fehlende Erfahrung beschrieben hat. Nicht jeder hat das Glück direkter Gotteserfahrung, deswegen muss er glauben. Glaube wäre demnach das Vertrauen auf etwas, von dem ich eigene Erfahrung nicht habe. Ich vertraue auf die Offenbarung, auf Jesus Christus, auch wenn ich nicht die unmittelbare Anschauung habe.

Joas: Aber auch für solch einen Glauben muss es eine Erfahrungsgrundlage geben. Nur dann kann ich weitergehendes Vertrauen aufbauen. Es kann kein Vertrauen ins Nichts geben.

Spaemann: Ja, das sehe ich auch so.

Frage: *Professor Spaemann, aber gerade Ihre Erfahrungen im Nationalsozialismus hätten Ihnen doch jegliches Vertrauen nehmen können?*

Spaemann: Die Nazi-Zeit war für mich, der damals seine Jugendzeit hatte, eine ungeheure Stärkung des Glaubens. Man gehörte zu den anderen. Auf der einen Seite waren die, auf der anderen wir – diese Polarisierung war hilfreich. Der Glaube und die Glaubensgemeinschaft vermittelten uns das Gefühl, viele zu sein, die gegen die Nazis waren.

Joas: Ich bin nach dem Krieg geboren, mein Vater aber war Nazi gewesen und blieb es sogar. Mein Großvater wiederum war tiefgläubiger Katholik. In der Biografie meines Vaters steckt also das Bewusstsein, der Katholizismus sei altmodisch, das Moderne sei der Nationalsozialismus. Ich erzähle das Studenten gerne um zu erklären, dass der Faschismus in Deutschland, mehr noch in Italien, ein Modernitäts- und Jugendlichkeitspathos hatte. Das katholische Milieu, in dem ich aufgewachsen bin, war eben nicht resistent gewesen gegen diese neue Bewegung. Dies musste nach dem Krieg aufgearbeitet werden, doch dafür gab es keinen rechten Raum. Ihren Irrtum wollten viele nicht zugeben. Ich bin also in einem post-totalitären Katholizismus aufgewachsen, der um die Verführbarkeit hin zu den Totalitarismen wusste – und damit umgehen musste.

Frage: *Schon in seiner ersten politischen Rede nach dem Krieg beklagt der rheinische Katholik Konrad Adenauer, dass das Land darunter leide, nicht mehr christlich zu sein. Seitdem haben wir es mit einem massiven Glaubensrückgang zu tun. Wie erklären Sie sich dieses Zentralmotiv der Moderne, das des Glaubensverlustes?*

Joas: Meiner Meinung nach sind es nicht einheitliche Modernisierungsphänomene, wie immer diese auch heißen, die zur Säkularisierung im Sinne von Glaubensverlust führen. Für mich ist dafür die Erfahrung der religiösen Vitalität der USA ganz zentral. Diese äußert sich in tradierten Formen oder in der Neuproduktion von Religiosität. Wenn der Glaubensverlust also nicht an der Modernisierung als solcher liegt, dann muss man genauer hinschauen, woran er liegen kann. Meine Auffassung ist, dass die Haltung von Kirchen und Religionsgemeinschaften zu wenigen Schlüsselfragen entscheidend ist. Etwa die Haltung zur nationalen Frage, zur sozialen Frage und zur demokratischen Frage. Das lässt sich auch an der Heterogenität der europäischen Landkarte zeigen, die eben, was die Säkularisierung angeht, nicht einheitlich ist. Polen und Irland sind bekannte Beispiele, die dortige Religiosität hat eben auch mit der Haltung der Kirchen zur nationalen Frage zu tun.

Frage: *Was bedeutet das für die Sicht auf Deutschland?*

Joas: Für Deutschland kann man das zum Beispiel anhand der demokratischen Frage zeigen. Es gab bei den Revolutionären 1848 in Preußen eine massive Enttäuschung über die starke Bindung der evangelischen Kirche an die Monarchie und Dynastie. Das ist ein Schlüsselmoment zur Erklärung der deutschen Situation. Sogar der deutsche Liberalismus hat sich dann – ganz anders als in England – im Wesentlichen un- oder antichristlich verstanden. Und das hat sich fortgesetzt bis in unsere Nachkriegsgeschichte und etwa bis in die FDP hinein. Durch Politik im weitesten Sinne kann es zur Entfremdung der Menschen von den Kirchen und Religionsgemeinschaften kommen. Berlin war schon Ende des 19. Jahrhunderts einer der säkularsten Orte auf dem Globus – und ist es nicht etwa erst heute nach der Epoche der DDR-Diktatur.

Frage: *Die Ursache für Säkularisierung ist nicht die Aufklärung?*

Joas: Nein. Da gehe ich mit Charles Taylor konform. Um bewusst nichtgläubig zu sein, bedarf es der Angebote von anderen Weltbildern. Diese müssen verfügbar sein, weil sie sich nicht jeder individuell ausdenken kann. Darum spricht Taylor vom Aufkommen einer säkularen Option. Das heißt, im 18. Jahrhundert entsteht ein zusätzliches Weltanschauungsangebot, das oft mit dem Begriff Aufklärung umschrieben wird. Dieses verdrängt aber nicht aus eigener Kraft heraus das Christentum – überhaupt nicht. Es gibt jede Menge Denker, die zwischen dem, was da neu ist, und ihren christlichen Überzeugungen balancieren. Dies passiert vor allem außerhalb Frankreichs. Außerhalb der französischen Aufklärung sind die meisten Aufklärer ja nicht antichristlich. Es kommt also etwas Zusätzliches in die Welt als Möglichkeit, an das dann alle anknüpfen können mit ihren jeweils unterschiedlichen Motiven, etwa politischen, wirtschaftlichen oder sozialen. Diese neue Weltanschauung bietet so den Hebel, sich von den christlichen Kirchen zu distanzieren, aber keineswegs vor allem aus einem antireligiösen Impetus heraus.

Spaemann: Meine Analyse, woher der Glaubensverlust kommt, lautet da doch etwas anders. Wittgenstein sagt einmal, ein Rad, das sich nicht mitdreht, gehört nicht zur Maschine. In der modernen Welt dreht sich oft die Maschine, ohne dass das religiöse Rad noch eingebaut wäre, ohne dass es sich mitdreht. Und dies liegt schon auch an Faktoren der Moderne, etwa dem technischen Fortschritt. Wir können heute so viel mehr erklären als früher, und wir können dadurch so viel mehr machen, als es frühere Generationen konnten. Dies hat tatsächlich die religiöse Option geschwächt. Es liegt dann die Versuchung nahe zu sagen, ob nun einer gläubig ist oder nicht, das mache eigentlich keinen Unterschied.

Joas: Wenn aus Ihrem Gedankengang die These erwachsen soll, dass, je höher eine Gesellschaft technologisch entwickelt ist, es desto wahrscheinlicher ist, dass sie säkular ist, ließe sich dies schnell empirisch widerlegen. So sind die USA etwa eine technologisch hoch entwickelte Gesellschaft und zugleich tief religiös. Es gibt keinen simplen Zusammenhang zwischen technologischer Entwicklung und der Verbreitung des christlichen Glaubens.

Frage: *Lassen sich die USA tatsächlich als derart religiös qualifizieren? Spaltet sich das Land nicht vielmehr in die säkularen Küsten und den frommen »Bible Belt«?*

Joas: Nein, die Religiosität der USA lässt sich nicht auf die 25 Prozent an protestantischem Fundamentalismus reduzieren, sie geht weit darüber hinaus.

Spaemann: In der Tat ist es richtig, vor einer zu eurozentrischen Sichtweise zu warnen, das gilt etwa auch mit Blick auf China. Dennoch gilt, dass sich die Bedingungen für Religion grundsätzlich geändert haben. Die Tatsche, dass der Mensch heute so vieles weiß und kann, bedeutet nicht, dass Gott überflüssig wäre. Es erfordert aber eine zusätzliche Überlegung, eine größere Anstrengung, sich das klarzumachen. Der Mainstream ist aber derzeit fasziniert von dieser Fortschrittsdynamik, von der Vorstellung, was wir heute nicht wissen, werden wir morgen wissen. Natürlich kann sich so etwas auch wieder ändern.

Joas: Schon im 18. Jahrhundert gab es die Vorstellung, dass der Wunderglaube verschwinden würde, wenn einmal alle als Wunder verstandenen Phänomene wissenschaftlich erklärbar sein würden. Darauf haben aber schon die Philosophen Herder und Hamann entgegnet: Schaue doch das Wunder deiner eigenen Existenz an. Das Wunder ist nicht der einzelne Sachverhalt, sondern das Wunderbare liegt in der Kontingenz des eigenen Daseins. Da öffnet sich doch geradezu ein neues Tor zum Glauben, anstatt dass es sich schließt.

Spaemann: Ich möchte mit einer persönlichen Geschichte antworten, die diesen Glaubensschwund beschreibt. Ich bin vor einigen Jahrzehnten mit meiner Frau nach Brasilien gereist. Damals fuhr man noch mit dem Schiff und benötigte drei Wochen. Eines Tages hatten wir auf See dichten Nebel. Auf dem Schiff war auch eine Nonne, die hatte starke Angst, dass es wegen der

Wetterverhältnisse einen Zusammenstoß geben könnte. Ihr sagte ich, sie bräuchte keine Sorge zu haben, das passiere nicht mehr, es gebe nun einen Radar, der das verhindere. Diese neue Erfindung kannte sie nicht, ich musste sie ihr erklären. Daraufhin war sie ganz aufgeregt und sagte, das müsse sie nun unbedingt schnell ihrer Schwester Oberin erzählen. »Jetzt brauchen wir wegen des Nebels nicht mehr zu beten«, meinte sie erleichtert.

Frage: *Was haben Sie ihr gesagt? Ist die Religion in der Moderne überflüssig geworden? Ist sie das Rad, das sich nicht mehr mitdreht?*

Spaemann: Ja, in der Tat, ich neige dazu zu sagen, dass der Glaube an Funktion eingebüßt hat. Diese naheliegende Seite des Glaubens, wie die Nonne ihn praktiziert hat, verschwindet. Nicht in dem Sinne, dass der Mensch verführt worden wäre. Die Aufklärung ist in der Tat eigentlich ein weltanschaulich neutraler Prozess. Aber die säkularistische Variante der menschlichen Existenz ist die entschieden bequemere. Der Unglaube ist heute attraktiver als der Glaube, das war früher anders. Die säkularistische Lebenseinstellung ist weniger anspruchsvoll. In diesem Wettlauf um die Bequemlichkeit kann der Glaube nicht gewinnen. Dort, wo der Glaube anspruchsvoll ist aber, dort hat er Zuspruch und Zulauf, etwa bei den kontemplativen Orden. Diejenigen hingegen, die den Glauben anspruchslos vereinfachen, die Liberalen, haben keinen Nachwuchs.

Frage: *Das heißt, nur noch eine Weltabgewandtheit führt in der Moderne zum Glauben?*

Spaemann: Nein, es muss eine andere Art von Weltzugewandtheit sein. Eine Beziehung zur Welt, die auch die im Neuen Testament beschriebene Distanz und Unterscheidung zur Welt kennt.

Frage: *Die Moderne ist also doch die Feindin des Glaubens?*

Spaemann: Nein, die Moderne ist in gewissem Sinne unvermeidlich, wenn man die Aufklärung nicht im ideologischen Sinne versteht. Die letzten Dinge, das Warum und Woher des Menschen und des Universums, wird man aber nie »aufklären« können.

Frage: *Dennoch, wenn die Moderne das Rad der Religion in der Maschine überflüssig gemacht hat, was bedeutet das? Wenn es ohne das Rad bequemer ist, dann wäre es doch eine Befreiung, es abzuschrauben? Dann hat der Glaube keine existenzielle Bedeutung mehr. So wie der Lateinunterricht, anstrengend und überflüssig, allenfalls nice to have …*

Spaemann: Doch natürlich hat der Glaube auch in der Moderne seine Notwendigkeit. Ich glaube, dass die Religion die Probleme löst, die durch sie geschaffen wurden. Die Religion eröffnet einen Spielraum des Denkens und des Lebens, der unser gewöhnliches Alltagsleben transzendiert, der den Tod transzendiert. Wenn ich aber davon den Blick einfach abwende – das kann ich in der Moderne leichter machen –, dann wird das Rad funktionslos. Das heißt, solange die Lebensführung der Menschen von ihren Glaubensüberzeugungen geprägt ist, werden die Menschen nicht finden, dass sie von irgendwas befreit werden müssen. Da braucht es wirklich dieses Rad, weil die Maschine so gebaut ist. Die Religion ist eine Dimension des Menschseins, die man aber verlieren kann. Und das ist der vorherrschende Prozess, den wir erleben.

Joas: Dies sehe ich grundlegend anders. Was Sie sagen, klingt für mich nach der Entzauberungsthese und nach Max Weber. Bei Weber ist die Sichtweise tragisch und pessimistisch, bei Ihnen ist es so, dass man trotz der Entzauberung religiös sein kann. Sie bestreiten als Gläubiger die Entzauberung nicht, ich dagegen meine, dass dieser Begriff sehr vieldeutig ist und dass vieles von dem, was mit diesem Begriff bezeichnet wird, nicht zutrifft oder zumindest nicht mit historischer Notwendigkeit geschieht.

Frage: *Wie erklären Sie das? Die Entzauberung durch die Moderne scheint doch augenfällig zu sein?*

Joas: Zum Ausdruck dessen, was ich meine, brauche ich die Unterscheidung von religiös und sakral. Auch die nichtreligiösen Menschen kennen Dinge, die sie für ganz stark motivierend halten, die ihnen unbedingt einleuchten. Es gibt zum Beispiel leidenschaftliche Säkularisten. Menschen machen Erfahrungen, die sie zu leidenschaftlichen Marxisten oder Nationalisten oder eben Säkularisten werden lassen. Um die alle zu berücksichtigen, brauche ich einen Begriff wie »sakral«, weil man dann sehen kann, dass viele Menschen, auch wenn sie keiner Religion folgen, nicht einfach in einem leerlaufenden Mechanismus leben. Sie sind auch tief von Sinn erfüllt und verschmolzen mit ihren Werten. Sie erlauben mir, Herr Spaemann, hier das Wort »Werte« zu verwenden, das mutmaßlich bei Ihnen unter Verdacht steht. Dann aber teilt sich die Frage schon auf. Sie lautet nicht: Führt die Moderne zum Religionsverlust?, sondern es wird daraus die Frage: Was kann unter modernen Bedingungen zu solchen Werte-Systemen werden, die Individuen und Kollektive zu packen in der Lage sind? Dann sehen wir, wenn »entzaubert« entsakralisiert heißen soll, dass wir nicht einfach in einer entzauberten Welt leben.

Frage: *Was sind denn aktuelle, in Ihrem Sinne sakrale Phänomene?*

Joas: Nehmen Sie die Attentate von Paris und Charlie Hebdo. Einer der ermordeten Zeichner hat gesagt, er wolle lieber aufrecht sterben als auf Knien leben. Die Freiheit und die Pressefreiheit im Besonderen haben für ihn einen höheren Wert als sein Leben, das ließe sich als so ein Heiligkeitszentrum in seiner Weltanschauung beschreiben. Das heißt für mich, dass nicht etwa im 18. Jahrhundert weggefallen ist, dass Menschen überhaupt etwas »heilig« ist, dass sie, wie ich es nenne, eine Sakralität haben. Das Heilige hat allerdings in dieser Zeit auch säkulare Ausdrucksformen angenommen – und auf die wiederum reagieren die intelligentesten christlichen Denker. Schleiermacher reagiert 1799 auf die Säkularisierungswellen, die in Frankreich wogen und aus Frankreich herüberschwappen. Er beschreibt den Glauben neu, wie er vorher nicht beschrieben wurde.

Spaemann: Der Glaubensschwund in Europa ist aber nicht zu leugnen. Und es bleibt doch die Frage, wie die Christen sich diesen erklären können. Es gibt im Evangelium die Stelle, an der Jesus seinen Jüngern sagt, dass sein Fleisch und Blut zur Speise für die Menschen wird. Und wer dies glaubt, wird gerettet sein. (vgl. Joh 6,53ff.) Dann heißt es: In diesem Augenblick wandten sich die Menschen ab. Zuvor waren sie ihm in Scharen gefolgt. Aber dann sagen sie: Jetzt reicht's! Dann wendet Jesus sich an seine Apostel. Er sagt nicht: Lauft ihnen nach und erklärt es ihnen, die haben das zu wörtlich genommen. Nein, er sagt nur: Wollt auch ihr gehen? Das ist das Einzige. Viele verlassen daraufhin die Gefolgschaft Jesu, weil sie mit etwas konfrontiert werden, was für sie jenseits jeder Plausibilität liegt. Ich finde diese Perikope hilfreich für unser Gespräch, denn wir müssen fragen: Was lernen wir daraus?

Joas: Die Ausgangsfrage war ja: Wie sollen Christen auf den massenhaften Abfall vom christlichen Glauben reagieren? Und anders als in der von Ihnen, Herr Spaemann, herangezogenen Bibelstelle würde ich sagen, die Christen müssen schuldbewusst darauf reagieren. Natürlich ist nicht jedes gläubige Individuum schuldig am Glaubensverlust, aber die christlichen Kirchen müssen selbstkritisch sehen, dass ihr Verhalten, etwa auch in Berlin im 19. Jahrhundert, dazu geführt hat, dass sich ein Großteil ihrer Gläubigen von ihnen entfremdet hat. Ich erzähle immer wieder die Geschichte von amateurhaften empirischen Untersuchungen von evangelischen Pfarrern über sinkenden Kirchenbesuch Ende des 19. Jahrhunderts. Da befragt ein Pfarrer die Leute, warum sie nicht mehr in den Gottesdienst kommen. Die antworten, sie hätten nicht das Richtige zum Anziehen. Das ist doch verblüffend: Der Pfarrer registriert das, aber er denkt nicht, er müsse etwas unternehmen gegen den bürgerlichen Kleidungskodex, der in seiner Gemeinde gilt. Die Kleidungssitten hielten die Armen aus der Kirche heraus, und dies wurde einfach hingenommen. In diesem Sinne, im Sinne der Hinnahme oder aktiven Beförderung einer Verbürgerlichung des Glaubens, noch mehr aber durch das häufige Bündnis der Kirchen mit den Mächtigen, den Privilegierten, den Kriegstreibern ist die Säkularisierung auch eine christliche Schuldgeschichte.

Frage: *Christsein ist aber auch anspruchsvoll über die Äußerlichkeiten hinaus, wenn man Spaemann folgt, oder?*

Joas: Die Evangeliumsgeschichte, die Sie, Professor Spaemann, erzählen, birgt aber die Gefahr, dass man die Vielen, weil sie überfordert sind von dem ganz tiefen Verständnis des christlichen Glaubens, einfach gehen lässt. Das halte ich nun geradeheraus gesagt für unkatholisch. Für mich heißt katholisch immer, man kann auf ganz verschiedenen Stufen von Erkenntnis gläubig sein. Es gibt auch die gelebte Volksfrömmigkeit, da darf man nicht fragen, ob auch Theologie studiert wurde. Katholisch heißt bekanntlich eher »Here comes everybody«.

Frage: *Gegen die von Professor Joas skizzierte Verbürgerlichung des Glaubens würden Sie auch eintreten?*

Spaemann: Ja, natürlich. Aber die Verbürgerlichung hat eine lange Vorgeschichte. Das hat mit einem Milieukatholizismus zu tun, der dazu geführt hat. Aber ganz ohne Umfeld, ohne Milieu gedeiht der Glaube eben auch nicht. Christus ist gekommen für die Schwachen, doch gerade die Schwachen bedürfen auch der Hilfe. Das kirchliche Vereins- und Verbandswesen hat da eben durchaus in vielen Lebenslagen geholfen und ermöglicht, den Glauben auch in einer feindlicheren Umgebung zu leben. Deswegen ist es richtig, dass Katholiken

Interesse an kirchlichen Strukturen haben, die es auch den Schwachen ermöglichen, in der Mitte des Glaubens zu leben. Aber es hat eben immer zwei Seiten. Diese in sich abgeschlossene katholische Welt birgt in sich die Gefahr, sich selbst zu säkularisieren, weil sie das Bestreben hat, die Welt noch mal in den katholischen Milieus und der Kirche abzubilden.

Joas: Ich stimme Ihnen in der Grundannahme zu, dass man nicht alleine gläubig sein kann. Es ist zumindest vom Glauben her und auch soziologisch gesehen richtig, nicht allein zu bleiben. Aber »nicht alleine« ist nicht gleich »geschlossenes Milieu«.

II. Die Kirche zwischen Anpassung und Beliebigkeit

Frage: *Wir stehen nun bei der Frage, wie sich die Glaubensgemeinschaft, die Kirche, verhalten muss. Im Gegensatz zu ihrer Bibelstelle, Professor Spaemann, gilt eben auch das Wort Jesu: »Geht hinaus in alle Welt« (vgl. Mt 28,19). Der dann einsetzende Erfolg des Christentums ist doch gerade in seiner Anpassungsfähigkeit begründet, in seiner Anschlussfähigkeit gegenüber ganz unterschiedlichen Horizonten – sowohl regionalen als auch zeitlichen. Das ist doch der Bruch mit einer Stammesreligion, einen universellen Anspruch und eine universelle Anwendbarkeit zu haben?*

Spaemann: Ja, gewiss. Aber es gilt eben auch, was Heinrich Heine über die Hegelsche Philosophie gesagt hat. »Die Hegelsche Philosophie wurde dünn und dünner und verbreitete sich schließlich in der ganzen Welt.« Es darf eben nicht Anpassung sein, wohl aber Aggiornamento.

Frage: *Aggiornamento? Wie würden Sie den Begriff des 2. Vatikanischen Konzils fassen?*

Spaemann: Ich würde es eine Aktualisierung der christlichen Botschaft nennen, die aber aus Widerspruch zum

Zeitgeist geschieht, nicht aus dem Widerspruch zum Vergangenen. Es ist eine falsche Herangehensweise, immer das Falsche im Hergebrachten zu suchen und das Heil im Gegenwärtigen. Vielmehr muss es um die eigene Bekehrung im Heute gehen.

Frage: *Noch einmal zum 2. Vatikanischen Konzil. Es gibt da unterschiedliche Äußerungen von Ihnen. Die steilste ist: Mit dem Konzil habe endgültig der Niedergang des Katholizismus begonnen.*

Spaemann: Nein, das würde ich im ursächlichen Sinne nicht so sehen. Der Niedergang kam danach. Es war aber sehr wohl anders als nach dem Trienter Konzil etwa, nach dem es zu einer Blüte des Katholizismus kam. Auch die Väter des 2. Vatikanums wollten gewiss dem Glaubensleben und der Kirche zu neuem Aufschwung verhelfen, aber geschehen ist das Gegenteil. Das Konzil ist nicht verantwortlich für den zu beobachtenden Niedergang, aber es hat auch nichts dagegen ausrichten können.

Joas: Ich sehe das grundlegend anders. Zunächst zu der Anpassungsfrage. Wir wissen eben oft nicht, was bloß Zeitgeist ist und was epochale historische Veränderung. Das Wort »Zeitgeist« ist oft nur ein Kampfbegriff. Die Veränderung der gesellschaftlichen Stellung der Frau ist meines Erachtens ein epochaler Wandel. Jede Gruppierung und Gemeinschaft muss darauf reagieren und darf sich nicht auf die Abwehr eines angeblichen »Zeitgeistes« berufen. Vielleicht steckt ja in der Institution nur der »Zeitgeist« einer früheren Epoche: So könnte ich das Zeitgeist-Argument polemisch umdrehen. Letztlich muss es immer darum gehen, die christliche Botschaft in die jeweilige Zeit oder Kultur hinein zu transportieren. Und da sehe ich die Emanzipation der Frau als Verwirklichung christlicher Ideale über die Vorstellungsmöglichkeiten patriarchalischer Epochen hinaus.

Frage: *Professor Joas, birgt denn nicht Ihr Diktum vom Glauben als Option in der Moderne doch die Gefahr des lediglich Optionalen? Ich kann das Rädchen des Glaubens in meine persönliche Lebensmaschine einbauen, wenn es mir gefällt, ich kann es aber auch weglassen. Wohnt diesem optionalen Glauben denn nicht die Beliebigkeit inne?*

Joas: Beliebigkeit gerade nicht! Glaube als Option heißt ja vor allem: Glauben in dem Bewusstsein der Existenz der säkularen Option. Keiner ist heute gläubig und weiß nicht, dass andere nichtgläubig sind. Es gibt keine Kultur und kein Milieu mehr, in dem alle selbstverständlich gläubig sind. Das finden wir als Grundbedingung für unseren Glauben vor, das macht unseren Glauben aber keinesfalls schwächer oder beliebiger. Wir glauben im Angesicht der Möglichkeit des Unglaubens – und sogar, je nach Land, angesichts der Normalisierung des Unglaubens. Etwa in Ostdeutschland. Wenn Leute dort nach ihrer Konfession gefragt werden, antworten einige mit: »Ich bin normal.« Das hat mich etwas geschockt, ist aber doch eine Tatsache.

Spaemann: Dennoch halte ich den Begriff Option für nicht glücklich. Denn nach dem Selbstverständnis der Christen ist der Glaube keine Option, sondern eine Berufung. Jesus sagt im Evangelium: »Nicht ihr habt mich erwählt, sondern ich habe euch erwählt« (Joh 15,16a).

Joas: Wir müssen beides in den Blick nehmen, die Erfahrung des Angezogenseins und die Entscheidung, sich dem zu stellen. Ich ziehe die Parallele etwa zur Ehe. Ich weiß, dass ich diese Frau geheiratet habe, weil ich sie irgendwann getroffen habe. Darin steckt unheimlich viel Kontingenz. Man hat diesen Jemand nicht geheiratet, weil dies irgendwie vorgezeichnet gewesen wäre, sondern weil es eine Begegnung gab. Das Bewusstsein dieser Optionalität schwächt jedoch in keiner Weise die Bindung an diesen Partner. Es ist doch nicht so, dass nur diejenigen eine starke Partnerbindung haben, die gar keine Wahl hatten bezüglich des Partners. Sondern vielleicht eher umgekehrt. Deswegen sind die Christen heute nicht pure Milieu-Christen, sondern eben Christen auch aus einer Entscheidung heraus.

Frage: *Ist Ihre Evangeliums-Geschichte, Professor Spaemann, nicht auch eine Geschichte von der Option? Wollt ihr gehen oder bleiben? Jesus eröffnet die Option. In die-*

sem Sinne lautet meine Frage: Ist die Zeit des Mehrheitskatholizismus der 50er Jahre etwa, die Zeit der Selbstverständlichkeiten, des Normalitäts-Glaubens, eine Zeit, der Sie nachtrauern?

Spaemann: Ja, Sie haben recht. Jesus eröffnet die Option. Nein, ich wünsche mir die 50er-Jahre nicht zurück. Der Geschichtsverlauf ist nicht linear, es wird nicht einfach besser oder schlechter. Sondern Veränderungen oder Verbesserungen in einem Bereich haben immer ihren Preis in einem anderen. Diejenigen, die eine bestimmte Entwicklung propagieren, verschweigen meist den Preis, der dafür gezahlt werden muss. Fortschritte können eben immer auch Rückschritte sein. In einer technischen Welt verliert etwa die spirituelle Dimension an Kraft.

Frage: *In den 50er-Jahren war die spirituelle Kraft doch stärker. Ist jene Zeit Ihrer Ansicht nach wirklich kein Vorbild für heute?*

Spaemann: Nein, weil es ja genau jene Zeit war, die zu unserer Gegenwart geführt hat, mit der ich ja nicht so einverstanden bin. Vielleicht passt dazu ein Gedanke von Jean Paul, der in seinem Erziehungsbuch dafür plädiert, seine Kinder gegen den Zeitgeist zu erziehen, denn der Zeitgeist würde selbst schon genug Wirkung entfalten. Die Eltern müssten also für Balance sorgen und sich gegen die Zeit stellen.

Frage: *Was sind denn aus Ihrer Sicht die Errungenschaften oder Fortschritte der Moderne?*

Spaemann: Ich benutze das Wort Fortschritt nur im Plural. Im Singular ist der Fortschritt eine Ideologie. Aber es gibt gewiss große Fortschritte für die Menschheit. Die Erfindung der Narkose ist ein fantastischer Fortschritt. Das Verbot der Folter ist auch ein wichtiger Fortschritt. Da lässt sich ganz viel nennen.

Frage: *Aber in vielen solcher Fragen hat ja gerade die kirchliche Lehrautorität ihre Meinung dann auch den Fortschritten angepasst. Nehmen Sie etwa die Schmerztherapie, die heute als Alternative zur Sterbehilfe gepriesen wird, die aber noch in den 50er-Jahren teilweise verpönt war. Damals galt Schmerzlinderung als Ausweichen vor dem Leid, das jedoch zum christlichen Glaubensvollzug im Kern dazugehöre, so die Lehre.*

Spaemann: Natürlich war das ein theologischer Kurzschluss. Natürlich ist es richtig, dass der Christ auch über ganz andere geistige Mittel verfügt, mit Leiden umzugehen, die sich nicht verhindern lassen. Das heißt aber nicht, dass man Leid nicht vermeiden müsste, etwa durch medizinische Entwicklung.

Frage: *Wir haben über den Glauben in der Moderne gesprochen. Mir scheint die Rolle und Veränderung von Joseph Ratzinger da interessant. Der Weggang Ratzingers* *aus Tübingen war vielleicht auch eine Art Kapitulation. Der konservative Modernisierer, der Ratzinger war, zieht sich zurück aus dem Ringen um die Weltgestaltung und flieht ins katholische Milieu nach Regensburg zurück. So wurde aus dem Modernisierer dann der Bewahrer?*

Spaemann: Ja, da ist was dran. Ratzinger war kein politischer Mensch und traute sich die Auseinandersetzung mit dem Mainstream nicht mehr zu. Ich hingegen liebte den Streit und die Kontroverse. Ich war in Heidelberg und ich erinnere mich an eine Diskussion mit den dortigen Wortführern der sogenannten »68er« abends in einer Kneipe beim Bier. Damals sagte ich, wenn ich wüsste, dass ihr bald die Macht übernähmt, wäre es mir lieber, ihr würdet heute Abend erschossen. Natürlich gab es einen Aufschrei, aber mir wurde das nicht übel genommen, wir haben weiter diskutiert. Ich begründete meine Haltung damals so, dass, wenn sie an die Macht kämen mit ihren maoistischen Ideen, noch viel mehr Blut fließen würde.

Frage: *Warum wirken die Konservativen häufig weniger diskursiv und an der Auseinandersetzung nicht interessiert?*

Spaemann: Ja, das ist ein Dilemma der Konservativen, die schalten nicht so schnell und wachen dann erst eine Generation später auf, wenn sie merken, was sich getan hat.

Joas: Ich möchte nur davor warnen, sich unter dem Begriff »68er« etwas Homogenes vorzustellen. Das Spektrum der sozialen, politischen und kulturellen Veränderungsinitiativen damals war riesig – und deswegen muss eine Beurteilung der Phänomene und Entwicklungen der Zeit auch differenzierter erfolgen. Die Überschrift »68er« ist zu klein für die Fülle der Phänomene.

III. Phänomen Franziskus: Was bewirkt der Papst?

Frage: *Papst Franziskus hat immer wieder viele überrascht, bei manchen weckt er große Hoffnungen, andere sind eher skeptisch. Wie beurteilen Sie das Phänomen Franziskus?*

Spaemann: Meine Wahrnehmung ist ambivalent. Manchmal bin ich begeistert von dem, was er sagt. Manchmal kann ich nur den Kopf schütteln. Er passt vor allem in keines der Klischees, die man bei uns so bereithält. Seine Frömmigkeit ist sehr traditionell. Er spricht viel von der heiligen Familie, er warnt immer wieder vor dem Teufel – und zwar ganz konkret. Das haben wir lange nicht mehr so gehört. Da sagt er zum Beispiel: »Wenn ihr den Teufel verjagt habt, gebt acht, er kommt wieder und sieht dann zunächst ganz unschuldig aus.« Er redet wie ein ganz in der Volksfrömmigkeit verwurzelter lateinamerikanischer Bischof. Auf der anderen Seite ist, aus meiner Sicht, sein Kult der Spontaneität nicht hilfreich. Im Vatikan seufzen manche schon: Heute hat er schon wieder eine andere Idee als gestern. Das Gefühl des Chaos wird man nicht ganz los.

Frage: *Wie sehen Sie die Situation mit dem emeritierten Papst Benedikt XVI.?*

Spaemann: Auch hier gibt es einen problematischen Aspekt. Papst Franziskus betont immer wieder seine enge Verbundenheit mit Papst Benedikt. In gewisser Weise besteht diese sicher auch. Aber ich frage mich, warum er so viele Personen aus dem Vatikan wirft, die von Benedikt geholt worden sind. Wobei ich auch nicht in jeder Personalentscheidung von Benedikt immer alle Weisheit entdecken konnte.

Frage: *Was sehen sie als besonders problematisch bei Papst Franziskus an?*

Spaemann: Nehmen Sie die zurückliegenden Kardinalsernennungen. Da sind ganz unbekannte Bischöfe, die teilweise nur 15.000 Katholiken in ihrer Diözese haben, zu den höchsten Würden gekommen. Bischöfe von großen Diözesen hingegen wurden übergangen. Obwohl man doch sicher, als man diese zu Erzbischöfen gemacht hat, eine gewisse herausragende Qualität gerade bei ihnen festgestellt haben mag. Warum werden also nun gerade diese nicht in die Spitze geholt? Was am Ende das Resultat sein wird – abgesehen von einer flüchtigen Symbolik –, das frage ich mich.

Frage: *Professor Joas, ist die Faszination gegenüber Papst Franziskus trotz aller Kritik Ihrer Meinung nach berechtigt?*

Joas: Ich jedenfalls bin durchaus fasziniert und muss Ihnen, Herr Spaemann, da in einigen Punkten widersprechen. Ich habe mich neulich einmal umgekehrt der Fragestellung genähert und gefragt, wie denn die Stellenbeschreibung für den Papst gegenwärtig aussehen müsste. Was würde ich in ein Anforderungsprofil für dieses Amt zurzeit hineinschreiben? Für mich ginge es ganz zentral um die Auseinandersetzung mit der gegenwärtigen Lage des Christentums weltweit. An diesen Kriterien würde ich dann auch Papst Franziskus messen. Erstens geht es um die Globalisierung des Christentums, seine Expansion in der Welt bei gleichzeitiger Schrumpfung in Europa. Es geht also um eine Gewichtsverlagerung. Zweitens die Optionalisierung des Christentums, wie ich es nenne. Es gibt keine Stabilität in Milieus oder über Generationen hinweg mehr. Die Weitergabe der christlichen Botschaft kann sich nicht mehr auf Automatismen verlassen, wie das in geschlosseneren Gesellschaften einmal war. Drittens, das betrifft allerdings verschiedene Länder sehr unterschiedlich, die religiöse Pluralisierung, die zum Beispiel in Deutschland auch die ökumenische Zusammenarbeit immer wichtiger macht.

Frage: *Wie ist Ihre Beurteilung von Franziskus, wenn Sie nun diese Kriterien anlegen?*

Joas: Wenn Sie nur diese drei Kriterien nehmen, dann zeigt sich, wie wichtig die lateinamerikanische Herkunft von Franziskus und seine Ausstrahlung sind. Das habe ich als Defizit von Papst Benedikt XVI. wahrgenommen, auch wenn andere das bestreiten. Benedikt hat stark in den Begriffen europäischer Geschichte, europäischer Kultur, europäischer Theologie gedacht. Natürlich ist dieser Horizont für das Christentum auch zentral, aber er hatte eben bei Benedikt etwas zunehmend Irreales angenommen – angesichts der Globalisierung des Christentums.

Frage: *Inwieweit wird Franziskus dem Wunsch nach Offenheit gegenüber religiöser Pluralität gerecht?*

Joas: Schon in seiner Zeit als Erzbischof von Buenos Aires ist er aufgefallen mit seiner konstruktiven Haltung gegenüber dem Vormarsch des Protestantismus in Lateinamerika. Er hat Evangelikalen aufgetragen, für ihn zu beten. Was die Optionalisierung angeht, würde er das zwar nie so ausdrücken. Aber es steckt in seinem Aufruf drin, dass die Kirche wieder hauptsächlich missionarisch Kirche sein muss. Sie muss Menschen finden und für die Botschaft begeistern – und zwar da, wo diese sind. Die Kirche darf ihr Augenmerk nicht auf die Sorge richten, dass etwas angegriffen wird, der Glaubensschatz der Kirche bedroht sein könnte, sondern sie muss sich dem aussetzen, was die Menschen bewegt, diese wirklich ernst nehmen. Insofern erfüllt die Stellenbesetzung schon ziemlich gut meine Kriterien …

Frage: *Franziskus steht wegen einiger spontaner Äußerungen in der Kritik, auch steht die Frage im Raum, wie* *er konkret führt und Dinge umsetzt. Wie bewerten Sie denn konkret das Wirken von Papst Franziskus?*

Joas: Ich habe beispielsweise die Schrift »Evangelii Gaudium« als in vielerlei Hinsicht grandios empfunden. Da fallen manche anderen Äußerungen nicht so ins Gewicht. Ich habe – wohl im Gegensatz zu Ihnen, Herr Spaemann, – das Gefühl, dass er oft auch sehr geschickt vorgeht. Die große Gefahr ist allerdings – da sind wir uns einig –, dass durch die Dynamik, die er entfacht, massive Konflikte losbrechen und ungute Fliehkräfte die Kirche als Ganzes in Gefahr bringen könnten. Die Analogie zu Michail Gorbatschow drängt sich für mich doch auf – bei aller Verschiedenheit. Da kommt ein Reformer von oben und die Veränderungen lassen das ganze Gebäude wanken. Das muss unbedingt verhindert werden.

Spaemann: Papst Benedikt hat mir das immer in Bezug auf die Wiederzulassung der alten Liturgie gesagt. Eine Liturgiereform darf nicht, wie die unter Paul VI., von oben kommen, sondern muss von unten wachsen. Nur so können Verwerfungen, wie sie mit den Piusbrüdern nach dem 2. Vatikanischen Konzil geschehen sind, verhindert werden.

Joas: Franziskus hat, glaube ich, erkannt, dass er zwar Reformen von oben machen könnte, diese aber eine große Gefahr in sich bergen. Die ureigenste Aufgabe des

Papstes ist die Sicherung der Einheit der Kirche, deswegen sucht er nach Vorgehensweisen, die eine Veränderung in Kontinuität und im Zusammenhalten der Kirche gewährleisten. Zum Beispiel sind diese breit angelegten Befragungen der Gläubigen vor den Synoden eine hilfreiche Konfrontation der Kirche mit der Wirklichkeit des gelebten Christentums. An deren Ergebnissen kommt doch keiner vorbei. Niemand sagt, dass die Normen auf das Niveau der gelebten Praxis reduziert werden müssten. Aber ich glaube schon, dass es in einer normativen Diskussion auch wichtig ist, zu wissen, wie in Wirklichkeit gelebt wird. Daraus muss man dann Schlüsse ziehen.

Frage: *Was sagen Sie zum besonderen Stil von Franziskus?*

Joas: Historisch gesehen ist der Pomp der katholischen Kirche und besonders des Papsttums auf den Unabhängigkeitsanspruch der Kirche gegenüber der weltlichen Macht zurückzuführen. Die Außendarstellung soll zeigen: Wir sind mindestens so prächtig, so reich und beeindruckend wie irgendeine weltliche Macht, wir stehen, was die Machtsymbolik angeht, den Herrschern dieser Welt in nichts nach. Das hatte vom Mittelalter bis zum Absolutismus seinen guten Sinn. Aber unter demokratischen Bedingungen wird der päpstliche Pomp zum Fremdkörper. Deswegen muss nun die Unabhängigkeit auf andere Weise institutionell symbolisiert werden als mit einer quasi absolutistischen Attitüde. Deswegen atmeten so viele Leute auf, als der Papst auf der Benediktionsloggia schlicht sagte: »Buona sera«.

Frage: *Professor Spaemann, wie haben Sie auf diesen ersten Auftritt von Papst Franziskus damals reagiert?*

Spaemann: O Gott, muss das sein, habe ich gedacht.

Frage: *Leidet das Papstamt Ihrer Meinung nach unter dem sogenannten Bergoglio-Style oder erweitert er dessen Aktionsmöglichkeiten?*

Spaemann: Das lässt sich noch nicht sagen. Vielleicht erlebe ich die Auswirkungen auch selbst nicht mehr. Das wird sich auf die Dauer zeigen. Es kann so sein, dass Franziskus' Art als ein Aufbruch wahrgenommen wird – oder als ein Ausrutscher. Ich versuche immer durch die Lektüre des Evangeliums und der Apostelbriefe einen Maßstab zu finden, an dem ich das messen kann. Beim Apostel Paulus heiß es, es werden Lehrer kommen, die Dinge sagen, die für die Ohren schön klingen und die Menschen werden diesen Lehrern folgen. Du aber, so sagt Paulus zu Timotheus, lass dich nicht beirren. Gib den Schatz, den du bekommen hast, unverfälscht und unverkürzt weiter. (vgl. 2 Tim 4,3ff.) Das habe nicht ich mir ausgedacht, das schreibt der Apostel. Wenn ich aber manche Theologen frage: Worauf bezieht sich das eigentlich heute?, dann versuchen sie auszuweichen. Sie suggerieren, es beziehe sich eigentlich auf niemanden.

Frage: *Aber legen Sie damit etwa den Umkehrschluss nahe, dass ich, wenn ich viele Anhänger finde, schon auf dem Holzweg sein muss?*

Spaemann: Nein, natürlich nicht, es widerlegt es aber auch nicht.

Joas: Ich glaube, man sollte bei Papst Franziskus mit Max Weber'schen Begriffen das Amtscharisma und das persönliche Charisma unterscheiden. Jeder Papst hat ein Amtscharisma. Alle Päpste haben zudem ganz unterschiedliche persönliche Charismen. Franziskus hat offensichtlich ein ganz besonders ausgeprägtes persönliches Charisma. Auch Johannes Paul II. hatte meines Erachtens beides. Er hatte ein starkes persönliches Charisma und auch das volle Gewicht des Amtscharismas. Es gab aber immer auch Päpste mit weniger persönlichem Charisma.

Frage: *Der Schriftsteller Martin Mosebach sagt, Päpste sollten gar kein persönliches Charisma haben. Es gebe eine gute Zweiteilung. Die charismatischen Gestalten im Christentum hätten eben sozusagen ein Amt nicht nötig.*

Joas: Ich halte das für ganz falsch. Das Amtscharisma muss durchstrahlt sein von persönlichem Charisma. Das sind dann große Päpste. Franziskus kann sich den sozusagen salopperen Umgang mit dem Amt erlauben, weil er eben über persönliches Charisma verfügt. Das Amtscharisma wird dadurch geradezu modifiziert.

Frage: *Was aber folgt aus dieser Haltung des Papstes? Franziskus formulierte einmal an einer Stelle, er warne vor einem Christentum der Ideen und fordere ein Christentum der Tat. Wie beurteilen Sie das?*

Spaemann: Ich finde diese Formulierung ganz unglücklich. Das muss beides zusammenkommen. Franziskus unterteilt die zwei Bereiche der Kirche, die Theologie und die Praxis. Und will sie getrennt halten. Die Theologen sollen ihre Arbeit machen, aber die Hirten müssen sich nicht weiter darum kümmern. Mir scheint, er liest nicht viel, und mit Theologie hat er nicht viel im Sinn. Aber meines Erachtens muss beides zusammengeführt werden, die Theologie wird blutleer und abstrakt, wenn nicht immer die pastorale Erfahrung in sie einfließt. Aber umgekehrt wird auch die Pastoral leer und weiß nicht, was sie vermitteln soll, wenn sie nicht ein theologisches Fundament hat.

Joas: Ich widerspreche da, ich glaube nicht, dass Franziskus die Bereiche so trennen will, wie Sie es jetzt darstellen. Ich kenne aber den genauen Kontext der Äußerung nicht. Eine wohlwollende Interpretation der Franziskus-Worte würde lauten: Der Kirche muss es vor allem darum gehen, im Geiste des Evangeliums in der Welt zu wirken. Für dieses Wirken sind theologische Kontroversen nicht irrelevant. Aber nicht jede theologische Kontroverse ist hilfreich. Unbedingt zu vermeiden ist, dass angesichts von theologischen Rechthabereien das praktische Wirken der Kirche hinten ansteht. Genau das aber müssen wir bisweilen beobachten.

Frage: *Immer wiederkehrend ist bei Franziskus die Hinwendung zum Evangelium, die Hinwendung zum Kern, wie er es nennt. Nicht die Lehre der Kirche müsse im Zentrum stehen, sondern die befreiende und liebende Botschaft Christi. Richtig?*

Spaemann: Es gibt die Botschaft immer nur in einer Interpretation. Jeder, der das Evangelium liest, interpretiert es auch. Dann gibt es einige wenige Sätze, die nur mit Ja und Nein zu beantworten sind. Also die Frage, ob Jesus von den Toten auferstanden ist, kann man nur mit Ja oder Nein beantworten, da gibt es nichts dazwischen.

Joas: Naja, doch! Da gibt es noch mehr zu sagen. Was Auferstehung heißt, da kann man sehr wohl mehr sagen als nur Ja oder Nein. Bedeutet es Rückkehr ins biologische Leben etwa? Was verstehen wir unter Auferstehung?

Spaemann: Natürlich nicht Rückkehr ins biologische und also sterbliche Leben, aber auch nicht bloße Vision der Jünger und »kein Geist«, wie der Auferstandene sagt, sondern Leben als »verklärter Leib«, der, wenn er will, mit seinen Jüngern essen kann. Und das Grab, das leer war, ohne dass jemand den Leichnam weggenommen hat, das war es, was die Areopagiten dann nicht mehr hören wollten und was manche Katholiken heute ebenfalls nicht glauben wollen, sondern für fromme Lügen halten. Aber die Lehre des Katechismus ist eindeutig. Und Jesus verkündet nicht nur den liebenden Gott, sondern er kündigt sich selbst als Richter der Lebenden und der Toten an. Die einen nimmt er in sein Reich auf, die anderen verdammt er. So ist die Rede Jesu durchzogen von Warnungen. Wollen wir die ignorieren? Heißt das: die Zeichen der Zeit verstehen? Das ist doch wohl auch der Kern. Das ist in der Predigt Jesu eindeutig.

Joas: Mit dem Begriff der Eindeutigkeit habe ich Probleme. Es gibt bei Jesus auch die nahe Erwartung des Kommens des Reiches Gottes. Auch das müssen wir übertragen und interpretieren.

Frage: *Das Pontifikat Benedikts klang schon einmal an. Sie haben es beide in unterschiedlicher Weise begleitet und beobachtet. Wie ist Ihr Blick zurück auf die Jahre des deutschen Papstes? Was hat er erreicht, was waren die Schwächen?*

Spaemann: Ach, diese unterschiedlichen Aspekte des Pontifikats lassen sich so schwer gegeneinander aufrechnen. Es gibt eine geistige Freiheit, die Papst Benedikt in die Kirche gebracht hat. Vor allem durch seine Schriften hat er versucht, das Evangelium aktuell zu erklären, nicht aber anzupassen, sondern so darzulegen, dass es heutigen Menschen nachvollziehbar ist. Er hat da unendlich viel getan. Man kann sagen, das, was Franziskus an Gutem in der Praxis tut, ist das, was Benedikt in Worten gelehrt hat. Ich sehe da schon eine Kontinuität, obwohl sie als Persönlichkeiten diametral gegensätzlich sind. Das aber ist die Kirche, das macht sie aus.

Frage: *Was ist Ihnen persönlich das Wichtigste im Pontifikat von Benedikt XVI.?*

Spaemann: Besonders hoch rechne ich ihm an, dass er in der Liturgiefrage einige grobe Ungerechtigkeiten aufgehoben hat. Er hat das geistige Potenzial, das die Menschen, die gerne die alte Messe besuchen, mitbringen, wieder in die Kirche zu integrieren versucht. Das ist ein großes Verdienst. Franziskus rümpft manchmal etwas die Nase über die Freunde der alten Messe, das empfinde ich als kränkend. Nun gut, geschenkt. In Buenos Aires war es ausgerechnet Bergoglio, der eine Woche nach Erscheinen des Dekretes »Summorum Pontificum« den Anhängern der alten Messe eine bedeutende Kirche überlassen hat.

Joas: Meine Bewertung des Benedikt-Pontifikats sieht, wie ich vorhin schon angedeutet habe, etwas anders aus.

Frage: *Kommen wir einmal vom Papstamt auf den Vatikan. Papst Franziskus hat es sich zur Aufgabe gemacht, die kuriale Bürokratie zu reformieren. Als ein Hauptübel bezeichnet er den Klerikalismus, die Selbstbezüglichkeit des priesterlichen Führungspersonals. Wie sehen Sie das?*

Spaemann: Papst Benedikt war sicher einer der schärfsten Kritiker des Papalismus. Franziskus als Jesuit hingegen betont durchaus die herausgehobene Stellung des Papstes. Das hat er in seiner Ansprache vor Weihnachten 2014 an die Kurie ja deutlich gemacht. Der Papst hat die uneingeschränkte Definitionsmacht und auch die volle Jurisdiktion, was die Orthodoxie etwa vollkommen ablehnt. Franziskus betont, dass er in jedem Bistum der Welt direkt durchgreifen kann. Wenn Benedikt das gesagt hätte, hätte es einen Aufschrei gegeben. Aber bei Franziskus werden die Vollmachten des Papstes wieder stärker betont. Und keine Zeitung echauffiert sich.

Frage: *Ist der starke synodale Ansatz von Franziskus, den Benedikt schon begonnen hatte, der richtige Weg?*

Spaemann: Wenn die Praxis sich so weit entfernt hat von der Lehre, dann muss etwas geschehen. Es kann also sein, dass der Synodengedanke beides zusammenführen will. Dazu müssen die Bischöfe offen reden. Es führt eben zu nichts, wenn die Bischöfe nur das sagen, was in Rom willkommen ist. Es muss einen echten Dialog geben. Dass es dann bei der zurückliegenden Synode in der Diskussion um das Abschlussdokument einen Eklat gegeben hat, beunruhigt mich nicht. Das muss so sein. Dann aber ist natürlich am Ende die Frage, was dabei herauskommt. Wird die Spaltung in der Kirche größer oder lässt sich da etwas wieder zusammenführen? Die Synode dient dazu, alle mitzunehmen, das ist ein guter

Gedanke, falls der Papst darauf verzichtet, Moderator und Partei in einem zu sein.

Joas: Mit Blick auf die Veränderungen im Vatikan fand ich diese öffentliche Herabwürdigung seiner Mitarbeiter in einer Rede des Papstes vor Weihnachten 2014 problematisch. Kritik dieser Art muss entweder nicht öffentlich geschehen oder es muss die Möglichkeit des Widerspruchs geben. Die Leute öffentlich vorzuführen, halte ich für im schlechten Sinne autoritär.

Spaemann: Aber dieser Papst ist einer der autoritärsten, die wir seit Langem hatten.

Joas: Es heißt ja in der biografischen Literatur, Bergoglio sei mit seinem autoritären Führungsstil in Argentinien bei den dortigen Jesuiten regelrecht gescheitert. Daraufhin hat er sich auch verändert. Ich würde den genannten Fall nicht verallgemeinern.

Frage: *Noch mal zurück zur Kurie: Ist das, was sich an Hofstaat herausgebildet hat im Vatikan, ein Krankheitsphänomen der Kirche, so wie Franziskus es formuliert hat?*

Spaemann: Ich kann es nicht abschließend beurteilen. In Bezug auf den Klerikalismus, denke ich, beklagen wir dabei mehr die Fehlleistungen des 19. Jahrhunderts, als an die Gegenwart zu denken. Heute gibt es weniger die Gefahr, dass die Geistlichkeit sich selbst überhöht, als eben die Gefahr, dass die priesterliche oder geistliche Lebensform keine Achtung, ja sogar aggressive Ablehnung erfährt. Klerikalismus heißt ja eine ungebührliche Dominanz des Klerus. Das ist falsch, aber ich gehe schon von einer geistlichen Autorität aus: der Pfarrer hat diese Rolle, Bischof und Papst sowieso.

Frage: *Hat der Klerus eine zu starke Stellung im Vergleich zu den Laien?*

Spaemann: Nein, heute nicht mehr, das war aber vielleicht mal der Fall. Und wo es noch der Fall ist, da beginnt es sich zu verändern.

Joas: Es ist ein Unterschied, ob wir über die Stellung des Gemeindepfarrers reden oder über die Rolle der Weltzentrale dieser Kirche und ihres Apparats. Da gibt es unterschiedliche Formen des Klerikalismus. Ich würde Ihnen folgen in der Analyse: Der tyrannische Gemeindepfarrer ist nicht mehr das Problem. Aber in der Kirche ist der Eindruck weitverbreitet, dass Rom komplett intransparent ist und möglicherweise korrupt. Der Vatikan geriert sich als Staatswesen, doch oft ohne die uns selbstverständlich gewordenen Prinzipien der Rechtsstaatlichkeit. Das würde ich schon beklagen. Da ist für mich dringend erforderlich die Selbstanwendung des Subsidiaritätsprinzips, wie sie seit Oswald von Nell-Breuning gefordert wird, übrigens auch in einem Buch von Kardinal Reinhard Marx.

Frage: *Beim Thema wiederverheiratete Geschiedene haben wir es mit einer völlig heterogenen Praxis in der Kirche weltweit zu tun. Kann es dabei bleiben, dass es unterschiedliche Wege in der Kirche gibt, mit dem Problem umzugehen?*

Spaemann: Nein, es kann nicht sein, dass das in der einen Diözese so und in der anderen anders gehandhabt wird. Jeder Bischof hat Autorität in seinem Bistum. Aber eine echte Autorität etwa einer Bischofskonferenz gibt es nicht. Deshalb muss es eine einheitliche Lösung geben. Und vor allem müssen die Dinge zueinander passen. Ich kann nicht auf der einen Seiten von der Unauflöslichkeit der Ehe sprechen und davon, dass außerehelicher Geschlechtsverkehr eine schwere Sünde ist, und auf der anderen Seite dann einer neuen Bettgemeinschaft den kirchlichen Segen geben.

Frage: *Glauben Sie, dass es eine Veränderung der katholischen Sexualmoral geben muss?*

Spaemann: Veränderung ist zu viel gesagt. Aber es muss eine grundlegend andere Vermittlung dieser Lehre erfolgen. Würde eine größere Anpassung an den modernen *Way of Life* der Weg der Kirche sein, dann müsste ja der Protestantismus, der diesen Weg geht, weniger Verluste hinnehmen als die katholische Kirche, was nicht der Fall ist. Die Zustimmung zur wirklichen Unauflöslichkeit der Ehe muss die Bedingung zur Zulassung zum

Ehesakrament bilden. Nur so wird in der Ehe das Glück erfahren.

Frage: *Ist außerehelicher Geschlechtsverkehr eine schwere Sünde?*

Spaemann: Ja, denn das Evangelium sagt es. Es sind die Worte Jesu. Sie sind klar. Das wird gesagt, da wird es den Menschen heute aber schwer damit, ja, es wurde es den Menschen zur Zeit Jesu doch auch schwer mit diesem Gebot. Als Jesus sagte, die Ehe könne nicht aufgelöst werden, da war die Reaktion der Apostel nicht, das ist wunderbar. Sondern sie waren entsetzt und haben gefragt, wer denn dann noch heiraten wollc. Sie waren schockiert, genauso wie die Leute heute schockiert sind.

Joas: Für mich ist die Reformbedürftigkeit der Sexualmoral evident. Die Leitlinie darf nicht eine quasi juristische Lektüre des Evangeliums sein, sondern die Orientierung am Liebesethos Jesu. Aus dem folgt ganz vieles, ganz sicher ein Treuegebot gegenüber dem Ehepartner, aber ganz sicher nicht ein Verbot des vorehelichen Geschlechtsverkehrs.

Frage: *Unverfälschte Botschaft oder Anpassung und Reform. Kardinal Raymond Burke hat unlängst in der Verweiblichung der Kirche die Ursache für deren Niedergang ausgemacht. Als Beispiel nannte er Ministrantinnen. Kann das richtig sein?*

Spaemann: Nein, so weit würde ich nicht gehen. Natürlich sind Ministrantinnen ein Fremdkörper im alten Ritus. Die Geschlechtertrennung liegt im Wesen des Menschen. Die Ausformung aber kann unterschiedlich sein. In der Kirche, in die ich gehe, etwa singen die Mädchen im Chor, ministrieren aber nicht. Früher gingen auch viele Priesterberufungen aus dem Kreis der Ministranten hervor. Das ist heute nicht mehr der Fall, es sei denn, wir würden auch Frauen zu Priesterinnen weihen. Das wäre dann der organische Weg. Aber dieser Weg ist verschlossen, das hat Papst Johannes Paul II. definitiv erklärt, als er sagte, er habe dazu die Vollmacht nicht. Wenn bestimmte Funktionen bestimmten Geschlechtern vorbehalten sind, dann ist das keine Diskriminierung. Der Laienstatus hat sein eigenes Selbstbewusstsein. Und wir verehren Maria als Königin der Apostel, während sie selbst kein Apostel war und mit Sicherheit nie die Eucharistie gefeiert hat.

Joas: Ich sehe das grundlegend anders. Ich glaube auch, dass es einen Zusammenhang von Ministrantinnen und Priesterinnen gibt. Und ich bin davon überzeugt, dass in dieser Sache noch nicht das letzte Wort gesprochen ist.

Spaemann: Johannes Paul II. erklärte, es sei das letzte Wort, an das alle Katholiken sich zu halten hätten. Karl Rahner hat gesagt, wir wüssten nicht, ob die Tatsache, dass die Apostel Männer waren, wesentlich sei oder nicht, weil wir die Begründung nicht kennen. Deswegen könnten wir uns nicht darüber hinwegsetzen.

Joas: Wir setzen uns in anderer Hinsicht ja ständig darüber hinweg. Die Apostel waren Juden und Fischer aus Galiläa. Wollen wir nur Fischer zu Priestern weihen? Und andere christliche Kirchen, denen wir ja nicht absprechen wollen, christlich zu sein, haben das Frauenpriestertum, wie etwa die Anglikaner.

Frage: *Diese Fragen drohen allerdings auch andere Glaubensgemeinschaften teilweise fast zu zersprengen.*

Joas: Ja, aber das ist eine andere Ebene, nämlich die der Institutionenpolitik. In der Tat gibt es in dem weltumspannenden Katholizismus an diesem Punkt schismatische Gefahren. Deswegen glaube ich, dass Papst Franziskus überlegt, wie die Kirche in einigen Punkten bewusst heterogener aufgestellt sein könnte.

Spaemann: Ich kenne nur Frauen, die sagen, wenn eine Frau hinterm Altar stünde, würden sie nicht mehr zur Messe gehen.

Joas: Ich kenne nur andere Frauen.

IV. Über das Verhältnis von Norm und Wirklichkeit

Frage: *Wir kommen also zu der grundsätzlichen Frage: Wie entstehen Moralvorstellungen? Wie ist das Verhältnis von Norm und Wirklichkeit?*

Spaemann: In jeder Hochkultur gibt es eine Kluft zwischen dem, was als richtig gelehrt wird, und der tatsächlichen Praxis. Wo diese Kluft nicht mehr existiert, bedeutet es eigentlich einen Verfall dieser Gesellschaft. Weil immer das Streben nach dem Besseren die Hochkultur auszeichnet. In primitiven Stammesgesellschaften gibt es diese Kluft nicht.

Frage: *Also schreckt Sie die Differenz zwischen Anspruch und Wirklichkeit gar nicht?*

Spaemann: Nein, sie schreckt mich nicht, die Kluft zwischen Lehre und Wirklichkeit darf nur nicht zu groß werden. Es ist eine Frage der Quantität. Einzelne Zuwiderhandlungen stören nicht.

Frage: *Was aber beeinflusst nun welche Seite? Die Norm bestimmt die Wirklichkeit, aber auch umgekehrt?*

Spaemann: Ja es gibt ein wechselseitiges Verhältnis. Norm und Wirklichkeit beeinflussen sich gegenseitig.

Frage: *Dann gibt es aber nicht die einzige, ewiggültige und unveränderliche Moralvorstellung, sondern sie ist eben im Fluss und einem Veränderungsprozess ausgesetzt?*

Spaemann: Es gibt die unveränderlichen und die veränderlichen Moralvorstellungen. Es gibt einen eisernen Bestand, da gehört auch die Menschenrechtserklärung der UNO dazu. Das wurde früher sicher anders gesehen. Aber die Erneuerer haben ja eben nicht das Gefühl gehabt, sie führen jetzt etwas Neues ein, sondern sie waren von dem Bewusstsein geprägt, etwas ewig Wahres zu kodifizieren. Die Menschenrechte sind ja eben nicht etwas, was wir uns ausgedacht haben. Da streifen wir das Thema Naturrecht.

Frage: *Professor Joas, gibt es für Sie die Vorstellung einer unhintergehbaren Wahrheit oder ist alles menschengemacht?*

Joas: Ich bin überhaupt kein Relativist und habe ein starkes Verständnis von Wahrheit. Aber meine Haltung ist am besten ausgedrückt in einem Wort des amerikanischen Philosophen Hilary Putnam: Wir können die Wahrheit erkennen, aber wir können nie sicher sein, dass wir sie erkannt haben. Das heißt, jeder unserer Sätze erhebt nur den Anspruch auf Wahrheit, aber wir können nie behaupten, wir hätten sie nun unzweifelhaft errungen oder in Besitz genommen. Deswegen ist nicht die Frage: Wahrheit oder Relativismus?, sondern: Gibt es einen

Besitz der Wahrheit? Darf eine Institution einen solchen Besitzanspruch erheben, wenn es um die Wahrheit geht? Wie verstehen wir Wahrheit? Da bin ich vollkommen mit Robert Spaemann einig, die Wahrheit ist nichts von Menschen Gemachtes. Wenn wir etwas als wahr behaupten, dann stellt dies einen Annäherungsprozess dar, keine Setzung. Aber wir brauchen ein rechtes Verständnis solcher Wahrheitsansprüche, das gilt für kognitive Wahrheitsansprüche, aber noch schwieriger ist das Thema auf dem Feld der Normen. Denn da finden wir noch mal zwei ganz verschiedene Phänomene. Zum einen die eigentlichen Normen. Also Vorschriften, dass etwas zu unterlassen ist. Und auf der anderen Seite das, was in meiner Terminologie Werte heißt, was nicht eine Vorschrift meint, sondern etwas, das jemandem als anziehend offenbar wird. Der Sinn von Wahrheit variiert zwischen den Aussagen über die Beschaffenheit der Welt, den Aussagen über Normen und eben den Werten. Für mich sind Naturrecht und der Naturbegriff die basale Intuition, dass wir Wahrheit von etwas behaupten, das wir nicht selber gemacht haben.

Frage: *Wie ist aber das Verhältnis des Individuums zu den als wahr behaupteten Werten?*

Joas: Ich bin der Meinung, dass wir uns unsere Werte nicht ausdenken. Wenn ich mich an einen Wert gebunden fühle, dann weil ich eine Erfahrung der subjektiven Evidenz gemacht habe, dass dieses gut und jenes böse ist. Ich nenne das subjektive Evidenz, weil ich nicht sagen will, dass etwas objektiv und für alle offensichtlich ist, nur die Blinden es nicht sähen. Das eben nicht. Ich halte mich an einen Begriff von Max Scheler, das »an sich für mich«. Das drückt es aus: Jeder Mensch erlebt etwas als an sich gültig, aber andere haben unter Umständen andere Erfahrungen gemacht. Ernst Troeltsch sprach im selben Sinn von »subjektiver Absolutheit«.

Spaemann: Mir ist da der Unterschied von Werten und Normen wichtig. Normen kann ich verbindlich machen, Werte nicht. Wenn jemand nach Deutschland einwandert, muss er sich an die Gesetze halten. Die Gesetze entspringen zwar einer bestimmten Werthaltung. Doch die kann ich dem Migranten nicht aufdrängen wollen. Die Normen beziehungsweise Gesetze schon.

Joas: Ganz genau so sehe ich das auch. Ich habe mit Freude gelesen, dass auch Sie den Begriff der christlichen Werte ablehnen, das tue ich nämlich auch. Ich kann sagen, viele Christen teilen diese oder jene Werte, aber der Besitzanspruch auf Werte, der muss vermieden werden. Vielmehr muss mit Werten immer ein Appell an alle verbunden sein.

Spaemann: Genau das ist für mich Naturrecht.

Joas: Ich verstehe, dass Denker wie Sie den Begriff Naturrecht so verstehen, weil sie eine Ausdrucksform für ihre Intuition der an sich geltenden Werte suchen.

Spaemann: Seit den Griechen bis zu der Aufklärung: Es waren alles Naturrechtler.

Joas: Aber weil so vieles unter Naturrecht verstanden wurde, löst der Begriff heute das Problem nicht mehr. Ganz verschiedene Werte wurden damit begründet. Weil jeder mit dem Verweis auf die Natur zum Ausdruck bringen will, dass er sich das nicht selbst ausgedacht hat, sondern es eben als wahr »gefunden« oder erkannt hat.

Spaemann: Aber der naturrechtliche Bezugspunkt ist doch wesentlich. Werte hat jeder. Es ist Quatsch zu sagen, man müsse den Menschen Werte beibringen. Auch Hitler, der Millionen Menschen ermordet hat, hatte Werte. Nur eben die falschen. Deswegen müssen wir auch über Werte streiten, wir müssen darum ringen, welche die richtigen sind.

Frage: *Wenn die Normen naturrechtlich begründet sind, braucht es dann den Streit noch, dann wären sie doch evident?*

Spaemann: Nein, wie Professor Joas sagt, Werte und Normen müssen unterschieden werden. Die Werte sind wahr, die Normen sind abgeleitet, die können auch zeitbedingt oder fehlerhaft sein. Aber die zugrunde liegenden Werte sind nicht abänderbar, nur die Normen sind geschichtlich bedingt.

Frage: *Ist diese Erkenntnis, dass die Normableitungen in der Kirche zeitbedingt sind und fehlerhaft sein können, weit genug verbreitet?*

Spaemann: In der Tat stimmt es, dass die eigene Fehleranfälligkeit von Normsetzung auch in der Kirche reflektiert werden muss.

Frage: *Welche Normsetzung würden Sie als fehlerhaft ansehen?*

Spaemann: Der Heilige Thomas von Aquin, der auch schon von der Menschenwürde spricht, sagt an einer Stelle zur Todesstrafc: Dic Todesstrafe sei nicht gegen die Würde des Menschen, denn ein Mörder habe keine Würde mehr. Das ist das Gegenteil von unserem Verständnis. Da hat er sich geirrt. Gott schuf den Menschen nach seinem Bild und Gleichnis. Wenn er ein schlechter Mensch ist, dann ist er immer noch Bild Gottes, aber nicht mehr ihm ähnlich, kein Ebenbild mehr. Die Würde aber gehört zum Bild-Charakter, die ist unverlierbar.

Frage: *Sind Sie denn dann in diesem Sinne auch Naturrechtler, Professor Joas? Oder gibt es zumindest einen äquivalenten Begriff um zu erklären, dass nicht alles subjektiv ist?*

Joas: Schauen wir zum Beispiel auf das Alte Testament. Es gab einen fundamentalen historischen Wandel im

Blick auf das, was Menschheit ist. Nicht mehr nur den eigenen Stammesangehörigen wurde eine Würde zugesprochen, sondern allen Menschen gleichermaßen. Diese fundamentale Werteveränderung wurde aber als etwas begriffen, das immer schon da, nur nicht erkannt worden war. Ähnlich etwa bei der neueren Erkenntnis, dass auch ein übler Verbrecher die Würde nicht verliert. Immer handelt es sich um eine epochale historische Veränderung und zugleich wird diese als Erkenntnis von etwas schon immer Dagewesenem gesehen. Dies ist ein Wechselspiel: Auf der einen Seite gibt es den Eindruck, etwas übergreifend Wahres erkannt zu haben. Auf der anderen Seite gibt es aber einen faktischen historischen Wandel und vielleicht auch einen moralischen Fortschritt. Dieses Wechselspiel kann ich nicht mit dem Begriff Naturrecht fassen, Sie, Herr Spaemann, halten das aber für möglich.

Frage: *Inwiefern ist denn der historische Wandel mit dem Naturrechtsgedanken vereinbar?*

Spaemann: In der Tat gibt es so etwas wie einen moralischen Fortschritt, aber es gibt auch einen Wandel, der eine Verschlechterung ist. In der Nazizeit galten die Nazis als fortschrittlich, so war der allgemeine Diskurs, aber natürlich waren die neuen Werte dann kein moralischer Fortschritt. Also gibt es Veränderungen, die kein Fortschritt sind.

Frage: *Welche moralischen Fortschritte sehen Sie?*

Spaemann: Die Entdeckung, dass es überhaupt so etwas wie Rechte des Menschen gibt, ist ein Fortschritt. Oder nehmen Sie die Abschaffung der Sklaverei. Das ist auch keine individuelle Werteentscheidung. Es spielt überhaupt keine Rolle, ob der Sklavenhalter dies für verwerflich hält oder nicht, oder ob eine Mehrheit die Sklaverei für gut hält. Sklaverei ist grundsätzlich falsch und unrecht. Und wenn jemand das nicht einsieht, wenn jemandes moralische Intuition nicht ausreicht, das zu erkennen, dann wird er dazu gezwungen, seine Sklaven freizulassen. Die Abschaffung der Sklaverei können sie also nur durchsetzen, wenn sie einen überwölbenden Wahrheitsanspruch haben. Ich sehe die Gefahr, dass wir heute dieses Bewusstsein von Wahrheit verlieren. An die Stelle tritt dann Relativismus und Meinungsdiktatur. Dann ersetzt eine *Political Correctness* das ehrliche Ringen um die Wahrheit. Ich finde manchmal, die Meinungsfreiheit ist in Bedrängnis geraten, für extreme Meinung ist kein Platz mehr. Die 50er-Jahre waren für mich da anders.

Frage: *Ausgerechnet die 50er-Jahre, wo doch viele einen engen Katholizismus erlebt haben? Da sind wir am Schluss zurück bei der Frage nach der Erfahrung?*

Spaemann: Das mag so sein, dass andere da Leidenserfahrungen mit der Kirche gemacht haben. Meine Erfahrungen sind das nicht. Ich hatte auch immer Glück mit den Priestern, die ich kennengelernt habe. Auf mich wurde im Beichtstuhl nicht ungebührlich Druck ausgeübt – außer einmal in Frankreich, als ein Priester mit mir geschimpft hat, aber zu Recht. Auch habe ich nie Predigten gehört, wie manche erzählen, die einem eine Höllenangst machten. Die ersten Predigten über Teufel und Hölle höre ich heute im Alter – und zwar von Papst Franziskus.

Joas: Ich kenne durchaus auch die negativen Erfahrungen, die mit einem engen Katholizismus verbunden sind. Etwa bei der Beichte, die dann keine Chance zur fruchtbaren Selbsterforschung war, sondern das kleinteilige Abarbeiten eines merkwürdigen Beichtspiegels. Da brachte die Vorlage einen bisweilen auf Gedanken, die man von selbst gar nicht gehabt hätte. Aus solcher verqueren Auffassung konnte dann auch zwangsneurotisches Verhalten entstehen, das teilweise der Kirche heute noch zu schaffen macht.

Spaemann: Ich erinnere mich beispielhaft an eine ganz andere frühe und sehr prägende katholische Erfahrung. Ich erinnere mich an einen Pfarrer, der in meinem Elternhaus in Dorsten hin und wieder zu Gast war. Er war ein geistreicher, hochgebildeter, lebensfroher Mann, der gerne Zigarren rauchte. Er war Religionslehrer, aber als solcher recht langweilig. Es war in den 40er-Jahren, da wurden in unserer Umgebung Zwangsarbeiter aus Russland, Polen und der Ukraine in Baracken untergebracht. Dieser Priester ist mit dem Fahrrad zu den Bauern gefahren, hat Lebensmittel gesammelt und hat sie dann zu den Baracken gebracht. Er hat sich um die Zwangsarbeiter gekümmert, hat sie in seiner Wohnung duschen lassen und war ihnen wie ein Vater. Auf der Straße ging er Arm in Arm mit ihnen. Im Erdgeschoss seines Hauses wohnte der Ortsgruppenleiter. Der Priester wurde verraten und verhaftet und kam ins KZ nach Dachau. Nach einem halben Jahr kam er zurück, er war ausgemergelt und erholungsbedürftig. Nach einigen Wochen sehe ich ihn aber wieder Arm in Arm mit den Zwangsarbeitern. Da habe ich ihn gefragt, ob er sich denn so offensichtlich erneut in Gefahr begeben müsse. Da hat er gesagt, ich bin katholischer Priester, ich kann mich nicht anders verhalten. Nach dem Krieg war er wieder ein langweiliger Religionslehrer. Wenn diese Tat nicht gewesen wäre, würde ihn heute niemand kennen. Heute erinnern sich die Menschen dort an Laurenz Schmedding.

Joas: Das Christentum ist eine Religion der Tat, nicht so sehr der Ideen, sagt Papst Franziskus. Das passt dazu.

Spaemann: Ja, dem stimme ich zu. Ich habe Laurenz Schmedding bei dem *FAZ*-Fragebogen als meinen Helden der Geschichte angegeben.

Anmerkung zur Buchausgabe von Robert Spaemann

»Das folgende Gespräch wurde am 10. Januar 2015 geführt und erschien teilweise in der Spezial-Ausgabe der *Herder Korrespondenz* vom 19. April 2015. Für ein Erscheinen in Buchform bedurfte es der Approbation beider Autoren, die ich lange herauszögerte, weil ich meinen Beitrag für überholungsbedürftig halte. So bedürften die Bemerkungen über den Heiligen Vater, vor der zweiten Synode geschrieben, der Anpassung. Leider aber erlaubt mein Alter die erforderliche Mühe nicht mehr. Da der Verlag aber auf meine Approbation drängte, gebe ich seiner Bitte nach und bitte den Leser, die genannten Umstände in Betracht zu ziehen.«